Blessings
In The Jewish Home

Shabbat - Festivals - Weekday

Hebrew with selected
English translation and transliteration

– Large Print For Easier Reading –

בס״ד
Copyright © 2019 (5779)
ISBN: 978-1-946124-41-8

Mazo Publishers
P.O. Box 36084 - Jerusalem 91360 Israel
www.mazopublishers.com
Email: mazopublishers@gmail.com

All rights reserved.
Reproduction in any form, including photocopying or scanning of the
pages, is prohibited without the written consent of the publisher.

לעילוי נשמת
בתיה בת יצחק
Batya Ernst ז״ל
ת.נ.צ.ב.ה.

In Honor of
Chaya-Mushka Ernst
חיה-מושקא

Blessings
In The Jewish Home

Contents

Shabbat Candles	3
Festival Candles	3
Yom Kippur Candles	4
Blessings For The Children	5
Shalom Ahlaychem	6
Ashet Chiyeel	6
Kiddush For Shabbat Night	10
Kiddush For Festival Night	12
Kiddush For Rosh Hashana Night	16
Kiddush For The Shabbat Day	19
Kiddush For The Festival Day And Rosh Hashana	20
Blessings Before Eating Non-Bread Foods	22
Blessings Before Eating A Meal With Bread	23
Blessings After Eating A Meal With Bread	27
Blessings After Non-bread Meals Or Snacks	40
Blessing After Non-specific Foods And Drinks	43
The Blessings Following A Meal After A Brit Mila	44
Sheva Brachot	49
Havdahlah	52
Blessings On Various Occasions	54
Record Your Family Dates	55

In transliterations, the underlined ch is pronounced with a strong gutteral back of the throat 'h' sound.

2

Shabbat Candles נרות שבת

בָּרוּךְ אַתָּה יי אֱלֹהֵינוּ מֶלֶךְ הָעוֹלָם, אֲשֶׁר קִדְּשָׁנוּ בְּמִצְוֹתָיו וְצִוָּנוּ לְהַדְלִיק נֵר שֶׁל שַׁבָּת.

Baruch ahtah Ado-ni, Elohaynu Mehlech hah-oh-lahm, ahsher keed-shahnu b'mitz-voh-tahv vitsee-vahnu leh-hahd-leek nehr shel Shah-baht.

Blessed are You, O Lord our God, King of the universe who has sanctified us with His commandments, and commanded us to kindle the light for Shabbat.

Festival Candles נרות יום טוב

בָּרוּךְ אַתָּה יי אֱלֹהֵינוּ מֶלֶךְ הָעוֹלָם, אֲשֶׁר קִדְּשָׁנוּ בְּמִצְוֹתָיו וְצִוָּנוּ לְהַדְלִיק נֵר שֶׁל (שַׁבָּת וְשֶׁל) יוֹם טוֹב.

Baruch ahtah Ado-ni, Elohaynu Mehlech hah-oh-lahm, ahsher keed-shahnu b'mitz-voh-tahv vitsee-vahnu leh-hahd-leek nehr shel (Shah-baht v'shel) yohm tohv.

Blessed are You, O Lord our God, King of the universe who has sanctified us with His commandments, and commanded us to kindle the light for (Shabbat and for) the Yom Tov.

[לא אומרים בחג הפסח האחרון] בָּרוּךְ אַתָּה יי אֱלֹהֵינוּ מֶלֶךְ הָעוֹלָם, שֶׁהֶחֱיָנוּ וְקִיְּמָנוּ וְהִגִּיעָנוּ לַזְּמַן הַזֶּה.

[Omit on the last festival day(s) of Pesach] *Baruch ahtah Adoni, Elohaynu Mehlech hah-oh-lahm, sheh-hecheh-yahnu v'kee-mahnu v'hee-gee-ahnu lahz-mahn hah-zeh.*

Blessed are You, O Lord our God, King of the universe who has granted us life, sustained us, and enabled us to reach this occasion.

Yom Kippur Candles נרות יום כפור

בָּרוּךְ אַתָּה יי אֱלֹהֵינוּ מֶלֶךְ הָעוֹלָם, אֲשֶׁר קִדְּשָׁנוּ בְּמִצְוֹתָיו וְצִוָּנוּ לְהַדְלִיק נֵר שֶׁל (שַׁבָּת וְשֶׁל) יוֹם הַכִּפּוּרִים.

בָּרוּךְ אַתָּה יי אֱלֹהֵינוּ מֶלֶךְ הָעוֹלָם, שֶׁהֶחֱיָנוּ וְקִיְּמָנוּ וְהִגִּיעָנוּ לַזְּמַן הַזֶּה.

Baru<u>ch</u> ahtah Ado-ni, Elohaynu Mehl<u>ech</u> hah-oh-lahm, ahsher keed-shahnu b'mitz-voh-tahv vitsee-vahnu leh-hahd-leek nehr shel (Shah-baht v'shel) yohm hah-kee-pu-rim.

Baru<u>ch</u> ahtah Ado-ni, Elohaynu Mehl<u>ech</u> hah-oh-lahm, sheh-he<u>ch</u>eh-yahnu v'kee-mahnu v'hee-gee-ahnu lahz-mahn hah-zeh.

Blessed are You, O Lord our God, King of the universe who has sanctified us with His commandments, and commanded us to kindle the light for (Shabbat and for) Yom Kippur.

Blessed are You, O Lord our God, King of the universe who has granted us life, sustained us, and enabled us to reach this occasion.

Blessings For The Children ברכת הילדים

For Boys – ברכה לבנים

יְשִׂימְךָ אֱלֹהִים כְּאֶפְרַיִם וְכִמְנַשֶּׁה.
יְבָרֶכְךָ יְיָ וְיִשְׁמְרֶךָ. יָאֵר יְיָ פָּנָיו אֵלֶיךָ וִיחֻנֶּךָּ.
יִשָּׂא יְיָ פָּנָיו אֵלֶיךָ וְיָשֵׂם לְךָ שָׁלוֹם.

Yeh-seem-cha Elo-heem keh-Ef-ra-yim ve-cheem-nah-sheh.
Yeh-vah-rech-echah Ado-ni veh-yish-m'rechah.
Yah-air Ado-ni pahnav ay-lechah vee-chu-nekah.
Yee-sah Ado-ni pahnav ay-lechah veh-yah-saym lechah shah-lohm.

May God make you like Ephraim and Menashe. May the Lord bless you and guard you. May the Lord shine His face towards you and be gracious to you. May the Lord turn His face towards you and grant you peace.

For Girls – ברכת הבנות

יְשִׂימֵךְ אֱלֹהִים כְּשָׂרָה רִבְקָה רָחֵל וְלֵאָה.
יְבָרֶכְךָ יְיָ וְיִשְׁמְרֶךָ. יָאֵר יְיָ פָּנָיו אֵלֶיךָ וִיחֻנֶּךָּ.
יִשָּׂא יְיָ פָּנָיו אֵלֶיךָ וְיָשֵׂם לְךָ שָׁלוֹם.

Yeh-see-maych Elo-heem keh-Sarah, Rivkah, Rachel, veh-Leah.
Yeh-vah-rech-echah Ado-ni veh-yish-m'rechah.
Yah-air Ado-ni pahnav ay-lechah vee-chu-nekah.
Yee-sah Ado-ni pahnav ay-lechah veh-yah-saym lechah shah-lohm.

May God make you like Sarah, Rivka, Rachel and Leah. May the Lord bless you and guard you. May the Lord shine His face towards you and be gracious to you. May the Lord turn His face towards you and grant you peace.

Shalom Ah-lay-chem – שלום עליכם

שָׁלוֹם עֲלֵיכֶם מַלְאֲכֵי הַשָּׁרֵת, מַלְאֲכֵי עֶלְיוֹן מִמֶּלֶךְ מַלְכֵי הַמְּלָכִים הַקָּדוֹשׁ בָּרוּךְ הוּא.

Shahlom ah-lay-chem, mahl-ah-chay hah-shah-rayt, mahl-ah-chay el-yon, mee-meh-lech mahl-chay hahm-la-cheem, hah-kah-dosh bah-ruch hu.

בּוֹאֲכֶם לְשָׁלוֹם מַלְאֲכֵי הַשָּׁלוֹם, מַלְאֲכֵי עֶלְיוֹן מִמֶּלֶךְ מַלְכֵי הַמְּלָכִים הַקָּדוֹשׁ בָּרוּךְ הוּא.

Bo-ah-chem leh-shalohm, mahl-a-chay hah-shahlom, mahl-ah-chay el-yon, mee-meh-lech mahl-chay hahm-la-cheem, hah-kah-dosh bah-ruch hu.

בָּרְכוּנִי לְשָׁלוֹם מַלְאֲכֵי הַשָּׁלוֹם, מַלְאֲכֵי עֶלְיוֹן מִמֶּלֶךְ מַלְכֵי הַמְּלָכִים הַקָּדוֹשׁ בָּרוּךְ הוּא.

Bar-chu-ni leh-shalohm, mahl-a-chay hah-shahlom, mahl-ah-chay el-yon, mee-meh-lech mahl-chay hahm-la-cheem, hah-kah-dosh bah-ruch hu.

צֵאתְכֶם לְשָׁלוֹם מַלְאֲכֵי הַשָּׁלוֹם, מַלְאֲכֵי עֶלְיוֹן מִמֶּלֶךְ מַלְכֵי הַמְּלָכִים הַקָּדוֹשׁ בָּרוּךְ הוּא.

Sayt-chem leh-shalohm, mahl-ah-chay hah-shalom, mahl-ah-chay el-yon, mee-meh-lech mahl-chay hahm-la-cheem, hah-kah-dosh bah-ruch hu.

כִּי מַלְאָכָיו יְצַוֶּה לָּךְ, לִשְׁמָרְךָ בְּכָל דְּרָכֶיךָ. יְיָ יִשְׁמָר צֵאתְךָ וּבוֹאֶךָ מֵעַתָּה וְעַד עוֹלָם.

Kee mahl-ah-chav yitsah-veh lahch, leesh-mahr-chah b'chal d'rah-cheh-chah. Ado-ni yeesh-mahr sayt-chah oo-voh-eh-chah may-ahtah v'ahd oh-lahm.

Ayshet Chiyeel – אשת חיל

אֵשֶׁת חַיִל מִי יִמְצָא, וְרָחֹק מִפְּנִינִים מִכְרָהּ,
Ayshet chiyeel mee yeem'sah, veh-rah-chok meep-neem meech-rah,

בָּטַח בָּהּ לֵב בַּעְלָהּ וְשָׁלָל לֹא יֶחְסָר,
Bah-tach bah layv bah-lah, veh-shah-lal loh yechsar,

גְּמָלַתְהוּ טוֹב וְלֹא רָע, כֹּל יְמֵי חַיֶּיהָ,
G'mah-laht-hu tov veh-loh rah, kol y'may chah yeh-hah,

דָּרְשָׁה צֶמֶר וּפִשְׁתִּים, וַתַּעַשׂ בְּחֵפֶץ כַּפֶּיהָ,
Dahrshah sehmer oo-feesh-teem, vahtah'as b'chayfetz kahpehah,

הָיְתָה כָּאֳנִיּוֹת סוֹחֵר, מִמֶּרְחָק תָּבִיא לַחְמָהּ,
Hi-tah kahnee-ot so-chayr, mee-merchak tahvee lachmah,

וַתָּקָם בְּעוֹד לַיְלָה, וַתִּתֵּן טֶרֶף לְבֵיתָהּ וְחֹק לְנַעֲרֹתֶיהָ,
Vah-tah-kahm beh-ohd li-lah, vah-tee-tan, tehref lehvay-tah veh-hohk leh-nah-ahr-teh-hah,

זָמְמָה שָׂדֶה וַתִּקָּחֵהוּ, מִפְּרִי כַפֶּיהָ נָטְעָה כָּרֶם,
Zahm-mah sahdeh vah-teekah-chay-hoo, mee-pree chahpeh-hah nahtah kah-rem,

חָגְרָה בְעוֹז מָתְנֶיהָ, וַתְּאַמֵּץ זְרוֹעֹתֶיהָ,
Chahg-rah veh-ohz maht-neh-hah, vah-tah-mayts z'row-teh-hah,

טָעֲמָה כִּי טוֹב סַחְרָהּ, לֹא יִכְבֶּה בַלַּיְלָה נֵרָהּ,
Tah-ah-mah kee tov sach-rah, loh yichbeh bah-lilah nay-rah,

יָדֶיהָ שִׁלְּחָה בַכִּישׁוֹר, וְכַפֶּיהָ תָּמְכוּ פָלֶךְ,
Yah-dehah sheel-<u>ch</u>ah vah-keeshor, v'<u>ch</u>ah-peh-hah tam<u>ch</u>oo fahle<u>ch</u>,

כַּפָּהּ פָּרְשָׂה לֶעָנִי, וְיָדֶיהָ שִׁלְּחָה לָאֶבְיוֹן,
Kahpah parsah leh-ahni, veh-yah-dehah sheel-<u>ch</u>ah lah-evyown,

לֹא תִירָא לְבֵיתָהּ מִשָּׁלֶג, כִּי כָל בֵּיתָהּ לָבֻשׁ שָׁנִים,
Lo tee-rah l'vaytah mee-shahleg, kee <u>ch</u>al baytah lahvush shaneem,

מַרְבַדִּים עָשְׂתָה לָּהּ, שֵׁשׁ וְאַרְגָּמָן לְבוּשָׁהּ,
Mar-vah-deem ahs-tah lah, shaysh v'argah-mahn l'vu-shah,

נוֹדָע בַּשְּׁעָרִים בַּעְלָהּ, בְּשִׁבְתּוֹ עִם זִקְנֵי אָרֶץ,
Noh-dah bah-shah-ahrim bah-lah, b'shevtoh eem zeeknay ahretz,

סָדִין עָשְׂתָה וַתִּמְכֹּר, וַחֲגוֹר נָתְנָה לַכְּנַעֲנִי,
Sahdeen ah-stah vah-teem-kor, vah-<u>ch</u>ahgor nahtnah lahk-nahni,

עוֹז וְהָדָר לְבוּשָׁהּ, וַתִּשְׂחַק לְיוֹם אַחֲרוֹן,
Ohz v'hahdahr l'vu-shah, vah-tees-<u>ch</u>ahk l'yohm ah-<u>ch</u>ah-rown,

פִּיהָ פָּתְחָה בְחָכְמָה, וְתוֹרַת חֶסֶד עַל לְשׁוֹנָהּ,
Pee-hah paht-<u>ch</u>ah veh-<u>ch</u>ah<u>ch</u>-mah, v'toraht <u>ch</u>esed ahl l'show-nah,

צוֹפִיָּה הֲלִיכוֹת בֵּיתָהּ, וְלֶחֶם עַצְלוּת לֹא תֹאכֵל,
Sow-fee-yah hah-lee-<u>ch</u>oht baytah, v'le<u>ch</u>am ahts-loot loh toh-<u>ch</u>ayl,

קָמוּ בָנֶיהָ וַיְאַשְּׁרוּהָ, בַּעְלָהּ וַיְהַלְלָהּ,

Kahmu vahnehah vah-yah-ahsh-ru-hah, bah-ah-lah vah-hahl-lah,

רַבּוֹת בָּנוֹת עָשׂוּ חָיִל, וְאַתְּ עָלִית עַל כֻּלָּנָה,

Rahboht bahnoht ahsu <u>ch</u>iyeel, veh-aht ahleet ahl ku-lahnah,

שֶׁקֶר הַחֵן וְהֶבֶל הַיֹּפִי, אִשָּׁה יִרְאַת יי הִיא תִתְהַלָּל,

Shehker ha<u>ch</u>ayn veh-hehvel hah-yohfee, eeshah yeerat Ado-ni hee teet-hah-lahl

תְּנוּ לָהּ מִפְּרִי יָדֶיהָ, וִיהַלְלוּהָ בַשְּׁעָרִים מַעֲשֶׂיהָ,

T'nu lah mee-pree yah-dehah, vee-hahlelu-hah vahsh-ah-reem mah-ahseh-hah.

קידוש ליל שבת
Kiddush For Shabbat Night

וַיְהִי עֶרֶב וַיְהִי בֹקֶר, יוֹם הַשִּׁשִּׁי.
וַיְכֻלּוּ הַשָּׁמַיִם וְהָאָרֶץ וְכָל צְבָאָם, וַיְכַל אֱלֹהִים בַּיּוֹם הַשְּׁבִיעִי מְלַאכְתּוֹ אֲשֶׁר עָשָׂה, וַיִּשְׁבֹּת בַּיּוֹם הַשְּׁבִיעִי מִכָּל מְלַאכְתּוֹ אֲשֶׁר עָשָׂה.
וַיְבָרֶךְ אֱלֹהִים אֶת יוֹם הַשְּׁבִיעִי, וַיְקַדֵּשׁ אֹתוֹ. כִּי בוֹ שָׁבַת מִכָּל מְלַאכְתּוֹ, אֲשֶׁר בָּרָא אֱלֹהִים לַעֲשׂוֹת.

Vah-yahee ehrev, vah-yahee voker, yohm hah-shee-shee.

Vah-y'chulu hah-shah-mayim v'hah-ahretz vehchal s'vahm, vahy'chal Elohim bah-yohm hahsh-vee'ee meh-lachtoh ahsher asah, vah-yeeshboht bah-yohm hahsh-vee'ee mee-kol meh-lachtoh ahsher ahsah.

Vah-y'varech Elohim eht yohm hahsh-vee'ee, Vah-yekadesh ohtoh. Kee voh Shahvat mee-kol meh-lachtoh, ahsher bah-rah Elohim lah-ahsoht.

סַבְרִי מָרָנָן וְרַבָּנָן וְרַבּוֹתַי,
בָּרוּךְ אַתָּה יְיָ, אֱלֹהֵינוּ מֶלֶךְ הָעוֹלָם בּוֹרֵא פְּרִי הַגָּפֶן.

Sahvree mah-rah-non v'rahbah-non v'rahbohti,

  Baru<u>ch</u> ahtah Ado-ni, Elohaynu Mehl<u>ech</u> hah-oh-lahm, boh-ray p'ree hagahfen.

בָּרוּךְ אַתָּה יְיָ, אֱלֹהֵינוּ מֶלֶךְ הָעוֹלָם, אֲשֶׁר קִדְּשָׁנוּ בְּמִצְוֹתָיו וְרָצָה בָנוּ, וְשַׁבַּת קָדְשׁוֹ בְּאַהֲבָה וּבְרָצוֹן הִנְחִילָנוּ, זִכָּרוֹן לְמַעֲשֵׂה בְרֵאשִׁית.
כִּי הוּא יוֹם תְּחִלָּה לְמִקְרָאֵי קֹדֶשׁ זֵכֶר לִיצִיאַת מִצְרָיִם.
כִּי בָנוּ בָחַרְתָּ וְאוֹתָנוּ קִדַּשְׁתָּ מִכָּל הָעַמִּים וְשַׁבַּת קָדְשְׁךָ בְּאַהֲבָה וּבְרָצוֹן הִנְחַלְתָּנוּ.
בָּרוּךְ אַתָּה יְיָ, מְקַדֵּשׁ הַשַּׁבָּת.

  Baru<u>ch</u> ahtah Ado-ni, Elohaynu Mehl<u>ech</u> hah-oh-lahm, ahsher keed-shahnu b'mitz-voh-tahv v'rahtsah vahnu, v'Shah-baht kad-show b'ahavah oov-rahtsown heen-<u>ch</u>ee-lahnu, zee-kahron le'mah-ahsay v'ray-sheet.

  Kee hu yohm teh-<u>ch</u>ee-lah le'meek-rah-ay kohdesh zay<u>ch</u>er leet-see-aht Mitz-rah-yeem.

  Kee vahnu vah-<u>ch</u>artah v'oh-tahnu kee-dash-tah mee-kol hah-ah-meem v'Shah-baht kahd-she-<u>ch</u>ah oov-raht-sohn heen-<u>ch</u>ahl-tahnu.

  Baru<u>ch</u> ahtah Ado-ni, meh-kah-daysh hah-Shah-baht.

Kiddush For Festival Night קידוש ליל יום טוב

[On Shabbat begin here]

וַיְהִי עֶרֶב וַיְהִי בֹקֶר, יוֹם הַשִּׁשִּׁי.
וַיְכֻלּוּ הַשָּׁמַיִם וְהָאָרֶץ וְכָל צְבָאָם, וַיְכַל אֱלֹהִים בַּיּוֹם הַשְּׁבִיעִי מְלַאכְתּוֹ אֲשֶׁר עָשָׂה, וַיִּשְׁבֹּת בַּיּוֹם הַשְּׁבִיעִי מִכָּל מְלַאכְתּוֹ אֲשֶׁר עָשָׂה.
וַיְבָרֶךְ אֱלֹהִים אֶת יוֹם הַשְּׁבִיעִי, וַיְקַדֵּשׁ אֹתוֹ. כִּי בוֹ שָׁבַת מִכָּל מְלַאכְתּוֹ, אֲשֶׁר בָּרָא אֱלֹהִים לַעֲשׂוֹת.

Vah-yahee erev, vah-yahee voker, yohm hah-shee-shee.

Vah-ya-chulu hah-shah-mayim v'hah-aretz vechal savam, vahyah-chal Elohim bah-yohm hahsh-vee'ee mee-kol meh-lachtoh ahsher asah.

Vah-yevarech Elohim et yohm hahsh-vee'ee, Vah-yekadesh otoh. Kee voh Shah-vaht mee-kol meh-lachtoh, ahsher bah-rah Elohim lah-ahsoht.

[On other nights begin here]

סַבְרִי מָרָנָן וְרַבָּנָן וְרַבּוֹתַי,
בָּרוּךְ אַתָּה יְיָ, אֱלֹהֵינוּ מֶלֶךְ הָעוֹלָם בּוֹרֵא פְּרִי הַגָּפֶן.

Savree mah-rah-non v'rahbah-non v'rahbohti,

Baruch ahtah Ado-ni, Elohaynu Mehlech hah-oh-lahm, boh-ray p'ree hah-gahfen.

בָּרוּךְ אַתָּה יְיָ אֱלֹהֵינוּ מֶלֶךְ הָעוֹלָם אֲשֶׁר בָּחַר בָּנוּ מִכָּל עָם וְרוֹמְמָנוּ מִכָּל לָשׁוֹן וְקִדְּשָׁנוּ בְּמִצְוֹתָיו. וַתִּתֶּן לָנוּ יְיָ אֱלֹהֵינוּ בְּאַהֲבָה (לשבת שַׁבָּתוֹת לִמְנוּחָה וּ) מוֹעֲדִים לְשִׂמְחָה, חַגִּים וּזְמַנִּים לְשָׂשׂוֹן.

Baruch ahtah Ado-ni, Elohaynu Mehlech hah-oh-lahm, ahsher bachar bahnu mee-kol ahm v'rohm-mahnu mee-kol lahshon v'keed-shanu b'mitz-voh-tahv.

Vah-tee-tan lahnu Ado-ni Elohaynu b'ahavah

[Shabbat: sha-bahtot leem-nu-chah oo-] moh-adeem l'seem-chah, chah-geem ooz-mah-neem.

אֶת יוֹם ...
[שבת] הַשַׁבָּת הַזֶּה וְאֶת יוֹם...
[פסח] חַג הַמַּצוֹת הַזֶּה, זְמַן חֵרוּתֵנוּ:
[שבועות] חַג הַשָׁבוּעוֹת הַזֶּה, זְמַן מַתַּן תּוֹרָתֵינוּ:
[סוכות] חַג הַסֻּכּוֹת הַזֶּה, זְמַן שִׂמְחָתֵנוּ:
[שמ״ע ולש״ת] שְׁמִינִי חַג הָעֲצֶרֶת הַזֶּה, זְמַן שִׂמְחָתֵנוּ:
(לשבת בְּאַהֲבָה) מִקְרָא קֹדֶשׁ זֵכֶר לִיצִיאַת מִצְרָיִם. כִּי בָנוּ בָחַרְתָּ וְאוֹתָנוּ קִדַּשְׁתָּ מִכָּל הָעַמִּים. (לשבת וְשַׁבָּת וּ) מוֹעֲדֵי קָדְשֶׁךָ (לשבת בְּאַהֲבָה וּבְרָצוֹן) בְּשִׂמְחָה וּבְשָׂשׂוֹן הִנְחַלְתָּנוּ. בָּרוּךְ אַתָּה יְיָ, מְקַדֵּשׁ (לשבת הַשַׁבָּת וּ) יִשְׂרָאֵל וְהַזְּמַנִּים.

Eht yohm...

[Shabbat] *...hah-Shah-baht hahzeh v'eht yohm...*

[Pesach] *...chahg hah-matzot hahzeh, z'man chay-ru-taynu:*

[Shavuot] *...chahg hah-Shah-vu'ot hahzeh, z'man mah-tahn torah-taynu.*

[Sukkot] *...chahg hah-Soo-koht hahzeh, z'man seem-chah-taynu.*

[Shmini Atzeret/ Simchat Torah] *...Sh'mee-nee chahg hah-aht-cer-eht hahzeh, z'man seem-chah-taynu.*

[continue] [Shabbat: *b'ahavah*] *meek-rah kohdesh zaycher lee-see-aht Mitz-rahyeem. Kee vahnu vah-chartah v'oh-tahnu kee-dahsh-tah mee-kol hah-ah-meem.*

[Shabbat:] *v'Shah-baht oo-moh-ah-day kahd-she-chah*

[Shabbat:] *b'ahavah oov-raht-sohn b'seem-chah oov'sah-sohn heen-chahl-tahnu. Baruch ahtah Ado-ni, meh-kahdaysh*

[Shabbat:] *hah-Shahbaht veh... yeec-rah-ayl v'haz-mah-neem.*

[On Saturday Night (after Shabbat), add]

[כשחל יו״ט במוצאי שבת] בָּרוּךְ אַתָּה יי אֱלֹהֵינוּ מֶלֶךְ הָעוֹלָם, בּוֹרֵא מְאוֹרֵי הָאֵשׁ.

Baruch ahtah Ado-ni, Elohaynu Mehlech hah-oh-lahm, boh-ray moh-ray hah-aysh.

בָּרוּךְ אַתָּה יי אֱלֹהֵינוּ מֶלֶךְ הָעוֹלָם, הַמַּבְדִּיל בֵּין קֹדֶשׁ לְחוֹל. בֵּין אוֹר לְחֹשֶׁךְ. בֵּין יִשְׂרָאֵל לָעַמִּים. בֵּין יוֹם הַשְּׁבִיעִי לְשֵׁשֶׁת יְמֵי הַמַּעֲשֶׂה. בֵּין קְדֻשַּׁת שַׁבָּת לִקְדֻשַּׁת יוֹם טוֹב הִבְדַּלְתָּ. וְאֶת יוֹם הַשְּׁבִיעִי מִשֵּׁשֶׁת יְמֵי הַמַּעֲשֶׂה קִדַּשְׁתָּ. הִבְדַּלְתָּ וְקִדַּשְׁתָּ אֶת עַמְּךָ יִשְׂרָאֵל בִּקְדֻשָּׁתֶךָ. בָּרוּךְ אַתָּה יי, הַמַּבְדִּיל בֵּין קֹדֶשׁ לְקֹדֶשׁ.

Baruch ahtah Ado-ni, Elohaynu Mehlech hah-oh-lahm, hah-mahvdeel bayn kohdesh l'chohl.

Bayn ohr l'choshech. Bayn yeec-rah-ayl l'ah-meem. Bayn yohm hahsh'vee-ee l'shay-sheht y'may hah-mah-ah-seh.

Bayn k'dushat shah-baht leek-du-shat yohm heev-dahl-tah.

V'eht yohm hahsh'vee-ee mee-shay-sheht y'may hah-mah-ah-say kee-dash-tah.

Heev-dahl-tah v'kee-dash-tah eht ahm-<u>ch</u>ah yeec-rah-ayl beek-du-shah-teh-<u>ch</u>ah.

Baru<u>ch</u> ahtah Ado-ni, hah-mahv-deel bayn kohdesh l'kohdesh.

[Omit on the last festival day(s) of Pesa<u>ch</u>]

[לא אומרים בחג הפסח האחרון] בָּרוּךְ אַתָּה יי אֱלֹהֵינוּ מֶלֶךְ הָעוֹלָם, שֶׁהֶחֱיָנוּ וְקִיְּמָנוּ וְהִגִּיעָנוּ לַזְּמַן הַזֶּה.

Baru<u>ch</u> ahtah Ado-ni, Elohaynu Mehl<u>ech</u> hah-oh-lahm, sheh-he<u>ch</u>eh-yahnu v'kee-mahnu v'heegee-anu lahz-mahn hah-zeh.

[In the Sukkah, add]

בָּרוּךְ אַתָּה יי אֱלֹהֵינוּ מֶלֶךְ הָעוֹלָם, אֲשֶׁר קִדְּשָׁנוּ בְּמִצְוֹתָיו, וְצִוָּנוּ לֵישֵׁב בַּסֻּכָּה.

Baru<u>ch</u> ahtah Ado-ni, Elohaynu Mehl<u>ech</u> hah-oh-lahm, ahsher keed-shah-nu b'mitz-voh-tahv, v'see-vahnu lay-shayv bah-soo-kah.

קידוש ליל ראש השנה
Kiddush For Rosh Hashana Night

[שבת] וַיְהִי עֶרֶב וַיְהִי בֹקֶר, יוֹם הַשִּׁשִּׁי.

וַיְכֻלּוּ הַשָּׁמַיִם וְהָאָרֶץ וְכָל צְבָאָם, וַיְכַל אֱלֹהִים בַּיּוֹם הַשְּׁבִיעִי מְלַאכְתּוֹ אֲשֶׁר עָשָׂה, וַיִּשְׁבֹּת בַּיּוֹם הַשְּׁבִיעִי מִכָּל מְלַאכְתּוֹ אֲשֶׁר עָשָׂה.

וַיְבָרֶךְ אֱלֹהִים אֶת יוֹם הַשְּׁבִיעִי, וַיְקַדֵּשׁ אֹתוֹ. כִּי בוֹ שָׁבַת מִכָּל מְלַאכְתּוֹ, אֲשֶׁר בָּרָא אֱלֹהִים לַעֲשׂוֹת.

[On Shabbat begin here]

Vah-yahee ehrev, vah-yahee voker, yohm hah-shee-shee.

Vah-y'chulu hah-shah-mayim v'hah-ahretz vehchal s'vahm, vahy'chal Elohim bah-yohm hahsh-vee'ee meh-lachtoh ahsher asah, vah-yeeshboht bah-yohm hahsh-vee'ee mee-kol meh-lachtoh ahsher ahsah.

Vah-y'varech Elohim eht yohm hahsh-vee'ee, Vah-yekadesh ohtoh. Kee voh Shahvat mee-kol meh-lachtoh, ahsher bah-rah Elohim lah-ahsoht.

[On other nights, begin here]

סַבְרִי מָרָנָן וְרַבָּנָן וְרַבּוֹתַי, בָּרוּךְ אַתָּה יְיָ, אֱלֹהֵינוּ מֶלֶךְ הָעוֹלָם בּוֹרֵא פְּרִי הַגָּפֶן.

Sahvree mah-rah-non v'rahbah-non v'rahbohti, Baruch ahtah Ado-ni, Elohaynu Mehlech hah-oh-lahm, boh-ray p'ree hagahfen.

16

בָּרוּךְ אַתָּה יי אֱלֹהֵינוּ מֶלֶךְ הָעוֹלָם אֲשֶׁר בָּחַר בָּנוּ מִכָּל עָם, וְרוֹמְמָנוּ מִכָּל לָשׁוֹן וְקִדְּשָׁנוּ בְּמִצְוֹתָיו. וַתִּתֶּן לָנוּ יי אֱלֹהֵינוּ בְּאַהֲבָה אֶת יוֹם (לשבת הַשַׁבָּת הַזֶּה וְאֶת יוֹם) הַזִכָּרוֹן הַזֶּה, יוֹם (זִכְרוֹן) תְּרוּעָה (בְּאַהֲבָה) מִקְרָא קֹדֶשׁ, זֵכֶר לִיצִיאַת מִצְרָיִם. כִּי בָנוּ בָחַרְתָּ וְאוֹתָנוּ קִדַּשְׁתָּ מִכָּל הָעַמִּים, וּדְבָרְךָ אֱמֶת וְקַיָּם לָעַד. בָּרוּךְ אַתָּה יי מֶלֶךְ עַל כָּל הָאָרֶץ, מְקַדֵּשׁ (לשבת הַשַׁבָּת וְ) יִשְׂרָאֵל וְיוֹם הַזִּכָּרוֹן:

Baruch ahtah Ado-ni, Elohaynu Mehlech hah-oh-lahm, ahsher bachar bahnu mee-kol ahm v'rohm-mahnu mee-kol lahshon v'keed-shanu b'mitz-voh-tahv. Vah-tee-tan lahnu Ado-ni Elohaynu b'ahavah eht yohm [Shabbat: hah-sha-baht hah-zeh v'eht yohm] hah-zee-kahrohn hah-zeh, yohm [zeech-rohn] troo-ah [b'ah-hah-vah] meek-rah kohdesh, zaycher lee-see-aht Mitz-rahyeem.

Kee vahnu vah-chartah v'oh-tahnu kee-dash-tah mee-kol hah-ah-meem, ood-vahr-chah ehmet v'kah-yahm lah-ahd.

Baruch ahtah Ado-ni, Mehlech ahl kohl hah-ahretz, m'kahdaysh [Shabbat: hah-shah-baht veh-] yeec-rah-ayl v'yohm hah-zee-kahrohn.

[On Saturday Night (after Shabbat), add]

[כשחל יו״ט במוצאי שבת] בָּרוּךְ אַתָּה יי אֱלֹהֵינוּ מֶלֶךְ הָעוֹלָם, בּוֹרֵא מְאוֹרֵי הָאֵשׁ.

Baruch ahtah Ado-ni, Elohaynu Mehlech hah-oh-lahm, boh-ray moh-ray hah-aysh.

בָּרוּךְ אַתָּה יְיָ אֱלֹהֵינוּ מֶלֶךְ הָעוֹלָם. הַמַּבְדִּיל בֵּין קֹדֶשׁ לְחוֹל, בֵּין אוֹר לְחֹשֶׁךְ, בֵּין יִשְׂרָאֵל לָעַמִּים, בֵּין יוֹם הַשְּׁבִיעִי לְשֵׁשֶׁת יְמֵי הַמַּעֲשֶׂה. בֵּין קְדֻשַּׁת שַׁבָּת לִקְדֻשַּׁת יוֹם טוֹב הִבְדַּלְתָּ. וְאֶת יוֹם הַשְּׁבִיעִי מִשֵּׁשֶׁת יְמֵי הַמַּעֲשֶׂה קִדַּשְׁתָּ. הִבְדַּלְתָּ וְקִדַּשְׁתָּ אֶת עַמְּךָ יִשְׂרָאֵל בִּקְדֻשָּׁתֶךָ. בָּרוּךְ אַתָּה יְיָ, הַמַּבְדִּיל בֵּין קֹדֶשׁ לְקֹדֶשׁ.

 Baru*ch* ahtah Ado-ni, Elohaynu Mehl*ech* hah-oh-lahm, hah-mahvdeel bayn kohdesh l'*ch*ohl, bayn ohr l'*ch*oshe*ch*, bayn yeec-rah-ayl l'ah-meem, bayn yohm hahsh'vee-ee l'shay-sheht y'may hah-mah-ah-seh. Bayn k'dushat shah-baht leek-du-shat yohm heev-dahl-tah. V'eht yohm hahsh'vee-ee me-shay-sheht y'may hah-mah-ah-say kee-dash-tah. Heev-dahl-tah v'kee-dash-tah eht ahm-*ch*ah yeec-rah-ayl beek-du-shah-teh-*ch*ah. Baru*ch* ahtah Ado-ni, hah-mahvdeel bayn kohdesh l'kohdesh.

[לא אומרים בחג הפסח האחרון] בָּרוּךְ אַתָּה יְיָ אֱלֹהֵינוּ מֶלֶךְ הָעוֹלָם, שֶׁהֶחֱיָנוּ וְקִיְּמָנוּ וְהִגִּיעָנוּ לַזְּמַן הַזֶּה.

 Baru*ch* ahtah Ado-ni, Elohaynu Mehl*ech* hah-oh-lahm, sheh-he*ch*eh-yahnu v'kee-mahnu v'heegee-anu lahz-mahn hah-zeh.

Kiddush For Shabbat Day קידוש ליום השבת

וְשָׁמְרוּ בְנֵי יִשְׂרָאֵל אֶת הַשַּׁבָּת, לַעֲשׂוֹת אֶת הַשַּׁבָּת לְדֹרֹתָם בְּרִית עוֹלָם. בֵּינִי וּבֵין בְּנֵי יִשְׂרָאֵל אוֹת הִיא לְעוֹלָם כִּי שֵׁשֶׁת יָמִים עָשָׂה יי אֶת הַשָּׁמַיִם וְאֶת הָאָרֶץ. וּבַיּוֹם הַשְּׁבִיעִי שָׁבַת וַיִּנָּפַשׁ.

V'sham-ru b'nay yeec-rah-ayl eht hah-shah-baht, lah-ahsoht eht hah-shah-baht, l'doro-tahm breet oh-lahm. Bay-nee oo-vayn b'nay yeec-rah-ayl oht hee l'oh-lahm, kee shay-sheht yah-meem ah-sah Ado-ni, eht hah-shah-mah-yeem, v'eht hah-ahretz. Oo-vah-yohm hahsh'vee-ee shah-vaht vah-yee-nah-fahsh.

זָכוֹר אֶת יוֹם הַשַּׁבָּת לְקַדְּשׁוֹ. שֵׁשֶׁת יָמִים תַּעֲבוֹד וְעָשִׂיתָ כָּל מְלַאכְתֶּךָ. וְיוֹם הַשְּׁבִיעִי שַׁבָּת לַיי אֱלֹהֶיךָ, לֹא תַעֲשֶׂה כָל מְלָאכָה, אַתָּה, וּבִנְךָ וּבִתֶּךָ עַבְדְּךָ וַאֲמָתֶךָ וּבְהֶמְתֶּךָ וְגֵרְךָ אֲשֶׁר בִּשְׁעָרֶיךָ כִּי שֵׁשֶׁת יָמִים עָשָׂה יי אֶת הַשָּׁמַיִם וְאֶת הָאָרֶץ אֶת הַיָּם וְאֶת כָּל אֲשֶׁר בָּם וַיָּנַח בַּיּוֹם הַשְּׁבִיעִי.

Za_ch_or eht yohm hah-shah-baht l'kahd-shoh. Shay-sheht yah-meem tah-ah-vohd v'ahsee-tah kahl m'la_ch_-te_ch_ah. V'yohm hash'vee-ee shah-baht l'Adon-ni Eloh-heh-_ch_ah, loh tah-ah-seh _ch_al meh-lah-_ch_ah, ahtah, oo-veen-_ch_ah, oo-vee-teh-_ch_ah, ahv-d'_ch_ah, vah-ah-maht-_ch_ah, oov-ham-teh-_ch_ah, v'gayr-_ch_ah ahsher bee-shah-re_ch_ah, kee shay-sheht yah-meem ah-sah Ado-ni eht hah-shah-mah-yeem v'eht hah-ahretz eht hah-yahm v'eht kahl ahsher bahm vah-yah-na_ch_ bah-yohm hahsh'vee-ee.

עַל כֵּן בֵּרַךְ יי אֶת יוֹם הַשַׁבָּת וַיְקַדְּשֵׁהוּ,

Ahl kayn bayra<u>ch</u> Ado-ni eht yohm hah-shah-baht vah-y'kahd-shay-hu,

סַבְרִי מָרָנָן וְרַבָּנָן וְרַבּוֹתַי,
בָּרוּךְ אַתָּה יי אֱלֹהֵינוּ מֶלֶךְ הָעוֹלָם בּוֹרֵא פְּרִי הַגָּפֶן:

Savree mah-rah-non v'rahbah-non v'rahbohti,

Baru<u>ch</u> ahtah Ado-ni, Elohaynu Mehl<u>ech</u> hah-oh-lahm, boh-ray p'ree hah-gahfen.

Kiddush For The Festival Day And Rosh Hashana

[שבת] וְשָׁמְרוּ בְנֵי יִשְׂרָאֵל אֶת הַשַׁבָּת, לַעֲשׂוֹת אֶת הַשַׁבָּת לְדֹרֹתָם בְּרִית עוֹלָם. בֵּינִי וּבֵין בְּנֵי יִשְׂרָאֵל אוֹת הִיא לְעוֹלָם כִּי שֵׁשֶׁת יָמִים עָשָׂה יי אֶת הַשָׁמַיִם וְאֶת הָאָרֶץ. וּבַיּוֹם הַשְּׁבִיעִי שָׁבַת וַיִּנָּפַשׁ.

[On Shabbat, begin here]
V'sham-ru b'nay yeec-rah-ayl eht hah-shah-baht, lah-ahsoht eht hah-shah-baht, l'doro-tahm breet oh-lahm. Bay-nee oo-vayn b'nay yeec-rah-ayl oht hee l'oh-lahm, kee shay-sheht yah-meem ah-sah Ado-ni, eht hah-shah-mah-yeem, v'eht hah-ahretz. Oo-vah-yohm hahsh'vee-ee shah-vaht vah-yee-nah-fahsh.

[אם חל יום טוב בחול מתחילים כאן]

אֵלֶּה מוֹעֲדֵי יְיָ מִקְרָאֵי קֹדֶשׁ, אֲשֶׁר תִּקְרְאוּ אֹתָם בְּמוֹעֲדָם. וַיְדַבֵּר מֹשֶׁה אֶת מֹעֲדֵי יְיָ, אֶל בְּנֵי יִשְׂרָאֵל.

[On a weekday, begin here]
Ayleh moh-ah-day Ado-ni meek-rah-ay kohdesh, ahsher teek-r'oo oh-tahm b'moh-ah-dahm. Vah-y'dahbehr moh-she eht moh-ah-day Ado-ni, ehl b'nay yeec-rah-ayl.

[ראש השנה] תִּקְעוּ בַחֹדֶשׁ שׁוֹפָר בַּכֶּסֶה לְיוֹם חַגֵּנוּ, כִּי חֹק לְיִשְׂרָאֵל הוּא מִשְׁפָּט לֵאלֹהֵי יַעֲקֹב.

[On Rosh Hashana]
Teek-oo bah-chodesh shoh-far bah-keh-seh l'yohm chah-gaynu, kee chohk l'yeec-rah-ayl hoo meesh-paht lay-loh-hay ya-ah-kohv.

סַבְרִי מָרָנָן וְרַבָּנָן וְרַבּוֹתַי, בָּרוּךְ אַתָּה יְיָ, אֱלֹהֵינוּ מֶלֶךְ הָעוֹלָם, בּוֹרֵא פְּרִי הַגָּפֶן.

Savree mah-rah-non v'rahbah-non v'rahbohti, Baruch ahtah Ado-ni, Elohaynu Mehlech hah-oh-lahm, boh-ray p'ree hah-gahfen.

[בסוכה] בָּרוּךְ אַתָּה יְיָ, אֱלֹהֵינוּ מֶלֶךְ הָעוֹלָם, אֲשֶׁר קִדְּשָׁנוּ בְּמִצְוֹתָיו וְצִוָּנוּ לֵישֵׁב בַּסֻּכָּה.

[In the Sukka, add]
Baruch ahtah Ado-ni, Elohaynu Mehlech hah-oh-lahm, ahsher keed-shah-nu b'mitz-voh-tahv, v'see-vahnu lay-shayv bah-soo-kah.

Blessings Before Eating Non-Bread Foods

[Before eating any of the five grains, except bread]

בָּרוּךְ אַתָּה יי אֱלֹהֵינוּ מֶלֶךְ הָעוֹלָם, בּוֹרֵא מִינֵי מְזוֹנוֹת.

Blessed are You, Lord our God, King of the universe who creates species of nourishment.

[Before eating fruit which grows on trees]

בָּרוּךְ אַתָּה יי אֱלֹהֵינוּ מֶלֶךְ הָעוֹלָם, בּוֹרֵא פְּרִי הָעֵץ.

Blessed are You, Lord our God, King of the universe who creates the fruit of the tree.

[Before eating produce grown directly from the ground]

בָּרוּךְ אַתָּה יי אֱלֹהֵינוּ מֶלֶךְ הָעוֹלָם, בּוֹרֵא פְּרִי הָאֲדָמָה.

Blessed are You, Lord our God, King of the universe who creates the fruit of the Earth.

[Before eating non-specific foods and drinks]

בָּרוּךְ אַתָּה יי אֱלֹהֵינוּ מֶלֶךְ הָעוֹלָם, שֶׁהַכֹּל נִהְיָה בִּדְבָרוֹ.

Blessed are You, Lord our God, King of the universe by whose word all things exist.

Blessings Before Eating A Meal With Bread

[After washing your hands using a ritual cup]

בָּרוּךְ אַתָּה יי אֱלֹהֵינוּ מֶלֶךְ הָעוֹלָם, אֲשֶׁר קִדְּשָׁנוּ בְּמִצְוֹתָיו, וְצִוָּנוּ עַל נְטִילַת יָדָיִם.

Blessed are You, Lord our God, King of the universe, who has sanctified us by Your commandments, and has given us the commandment for washing the hands.

[Before eating bread]

בָּרוּךְ אַתָּה יי אֱלֹהֵינוּ מֶלֶךְ הָעוֹלָם, הַמּוֹצִיא לֶחֶם מִן הָאָרֶץ.

Blessed are You, Lord our God, King of the universe, who brings forth bread from the earth.

Blessings After Eating A Meal With Bread

[Psalm 137 is said on a weekday, when not Rosh Chodesh, a Festival Holiday, or when Tachanun is said, in memory of the destruction of the Temple]

[ביום שאומרים בו תחנון]

עַל נַהֲרוֹת בָּבֶל שָׁם יָשַׁבְנוּ גַּם בָּכִינוּ, בְּזָכְרֵנוּ אֶת צִיּוֹן. עַל עֲרָבִים בְּתוֹכָהּ, תָּלִינוּ כִּנֹּרוֹתֵינוּ. כִּי שָׁם שְׁאֵלוּנוּ שׁוֹבֵינוּ דִּבְרֵי שִׁיר וְתוֹלָלֵינוּ שִׂמְחָה, שִׁירוּ לָנוּ מִשִּׁיר צִיּוֹן. אֵיךְ נָשִׁיר אֶת שִׁיר יי, עַל אַדְמַת נֵכָר.

אִם אֶשְׁכָּחֵךְ יְרוּשָׁלָםִ, תִּשְׁכַּח יְמִינִי. תִּדְבַּק לְשׁוֹנִי לְחִכִּי אִם לֹא אֶזְכְּרֵכִי, אִם לֹא אַעֲלֶה אֶת יְרוּשָׁלַםִ עַל רֹאשׁ שִׂמְחָתִי. זְכֹר יי לִבְנֵי אֱדוֹם אֵת יוֹם יְרוּשָׁלָםִ, הָאֹמְרִים עָרוּ עָרוּ עַד הַיְסוֹד בָּהּ. בַּת בָּבֶל הַשְּׁדוּדָה, אַשְׁרֵי שֶׁיְשַׁלֶּם לָךְ אֶת גְּמוּלֵךְ שֶׁגָּמַלְתְּ לָנוּ. אַשְׁרֵי שֶׁיֹּאחֵז וְנִפֵּץ אֶת עֹלָלַיִךְ אֶל הַסָּלַע.

By the rivers of Babylon, there we sat, we wept when we remembered Zion. We hung our lyres on the willows in its midst. There those who carried us away captive required of us a song. Those who tormented us required of us mirth, saying, Sing us one of the songs of Zion.

How shall we sing the Lord's song in a foreign land? If I forget you, O Yerushalayim, let my right hand forget its cunning. If I do not remember you, let my tongue cleave to the roof of my mouth, if I do not set Yerushalayim above my highest joy.

Remember, Lord, the Edomites, the day of Yerushalayim, when they said, Destroy it, Destroy it, to its foundation. O daughter of Babylon, you are to be destroyed! Happy shall he be, who repays you for what you have done to us! Happy shall he be, who takes your little ones and dashes them against the rock!

[Psalm 126 is said on Shabbat, Rosh Chodesh, Festival Holidays and other festive occasions]

[ביום שאין אומרים בו תחנון]

שִׁיר הַמַּעֲלוֹת, בְּשׁוּב יי אֶת שִׁיבַת צִיּוֹן הָיִינוּ כְּחֹלְמִים. אָז יִמָּלֵא שְׂחוֹק פִּינוּ וּלְשׁוֹנֵנוּ רִנָּה. אָז יֹאמְרוּ בַגּוֹיִם הִגְדִּיל יי לַעֲשׂוֹת עִם אֵלֶּה. הִגְדִּיל יי לַעֲשׂוֹת עִמָּנוּ, הָיִינוּ שְׂמֵחִים. שׁוּבָה יי אֶת שְׁבִיתֵנוּ כַּאֲפִיקִים בַּנֶּגֶב. הַזֹּרְעִים בְּדִמְעָה בְּרִנָּה יִקְצֹרוּ. הָלוֹךְ יֵלֵךְ וּבָכֹה נֹשֵׂא מֶשֶׁךְ הַזָּרַע. בֹּא יָבֹא בְרִנָּה, נֹשֵׂא אֲלֻמֹּתָיו.

A song of ascents. When God restored the exiles, we were like dreamers. Then our mouths filled with laughter and our tongues with joyous song. Then it was said among the nations, God has done great things for them. God has done great things for us. And so we rejoiced. Return our exiles, God, as You return streams to the Negev.

Those who sow in tears will reap in joyous song. He who bears the measure of seed, goes along weeping, but will return home with joyful song, bearing his sheaves.

Invitation To Bless – הזימון

[The invitation to bless, Zimun, is said with three or more males, above the age of thirteen. For the Zimun after a Brit Milah, turn to page 44. For the Zimun of Sheva Brachot, turn to page 49.]

[המזמן] רַבּוֹתַי נְבָרֵךְ.

[המסובים] יְהִי שֵׁם יי מְבֹרָךְ מֵעַתָּה וְעַד עוֹלָם.

[המזמן] יְהִי שֵׁם יי מְבֹרָךְ מֵעַתָּה וְעַד עוֹלָם. בִּרְשׁוּת מָרָנָן וְרַבָּנָן וְרַבּוֹתַי, נְבָרֵךְ (במנין: אֱלֹהֵינוּ) שֶׁאָכַלְנוּ מִשֶּׁלּוֹ.

[המסובים] בָּרוּךְ (במנין: אֱלֹהֵינוּ) שֶׁאָכַלְנוּ מִשֶּׁלּוֹ וּבְטוּבוֹ חָיִינוּ.

[המזמן] בָּרוּךְ (במנין: אֱלֹהֵינוּ) שֶׁאָכַלְנוּ מִשֶּׁלּוֹ וּבְטוּבוֹ חָיִינוּ. בָּרוּךְ הוּא וּבָרוּךְ שְׁמוֹ.

[Leader] Gentlemen, Let us bless.

[Participants] Blessed is the name of the Lord from now forever.

[Leader] Blessed is the name of the Lord from now forever. With the permission of those present, we will bless (minyan: our God) Him of whose bounty we have partaken.

[Participants] Blessed is (minyan: our God) He of whose bounty we have partaken, and through whose goodness we live.

[Leader] Blessed is (minyan: our God) He of whose bounty we have partaken, and through whose goodness we live. Blessed is He, and blessed is His name.

[The first blessing was composed by Moshe Rabenu, in appreciation for the nourishment from the manna]

בָּרוּךְ אַתָּה יְיָ אֱלֹהֵינוּ מֶלֶךְ הָעוֹלָם, הַזָּן אֶת הָעוֹלָם כֻּלּוֹ, בְּטוּבוֹ, בְּחֵן בְּחֶסֶד וּבְרַחֲמִים, הוּא נוֹתֵן לֶחֶם לְכָל בָּשָׂר, כִּי לְעוֹלָם חַסְדּוֹ. וּבְטוּבוֹ הַגָּדוֹל תָּמִיד לֹא חָסַר לָנוּ וְאַל יֶחְסַר לָנוּ מָזוֹן לְעוֹלָם וָעֶד. בַּעֲבוּר שְׁמוֹ הַגָּדוֹל, כִּי הוּא אֵל זָן וּמְפַרְנֵס לַכֹּל, וּמֵטִיב לַכֹּל, וּמֵכִין מָזוֹן לְכָל בְּרִיּוֹתָיו אֲשֶׁר בָּרָא. בָּרוּךְ אַתָּה יְיָ, הַזָּן אֶת הַכֹּל.

Blessed are You, Lord our God, King of the universe, who feeds the whole world with Your goodness, with grace, with loving kindness and tender mercy. You give food to all flesh, for Your loving kindness endures forever. Through Your great goodness food has never failed us. O may it not fail us forever and ever, for Your great name's sake, since You nourish and sustain all beings and do good unto all, and provide food for all Your creatures whom You have created. Blessed are You, Lord, who gives food to all.

[The second blessing was composed by Joshua in gratitude for the honor and privilege to enter the Land of Israel]

נוֹדֶה לְךָ יְיָ אֱלֹהֵינוּ, עַל שֶׁהִנְחַלְתָּ לַאֲבוֹתֵינוּ, אֶרֶץ חֶמְדָּה טוֹבָה וּרְחָבָה. וְעַל שֶׁהוֹצֵאתָנוּ יְיָ אֱלֹהֵינוּ מֵאֶרֶץ מִצְרַיִם, וּפְדִיתָנוּ מִבֵּית עֲבָדִים. וְעַל בְּרִיתְךָ שֶׁחָתַמְתָּ בִּבְשָׂרֵנוּ. וְעַל תּוֹרָתְךָ שֶׁלִּמַּדְתָּנוּ. וְעַל

חֻקֶּיךָ שֶׁהוֹדַעְתָּנוּ. וְעַל חַיִּים חֵן וָחֶסֶד שֶׁחוֹנַנְתָּנוּ. וְעַל אֲכִילַת מָזוֹן שָׁאַתָּה זָן וּמְפַרְנֵס אוֹתָנוּ תָּמִיד, בְּכָל יוֹם וּבְכָל עֵת וּבְכָל שָׁעָה.

We thank You, Lord our God, because You did give, as a heritage to our fathers, a desirable, good and ample land, and because You did bring us forth, Lord our God, from the land of Egypt, and did deliver us from the house of bondage, as well as for Your covenant which You have sealed in our flesh, Your Law which You have taught us, Your statutes which You have made known to us, the life, grace and loving kindness which You have granted us, and for the food that You constantly feed and sustain us on every day, in every season, at every hour.

[בחנוכה]

עַל הַנִּסִּים וְעַל הַפֻּרְקָן וְעַל הַגְּבוּרוֹת וְעַל הַתְּשׁוּעוֹת וְעַל הַמִּלְחָמוֹת. שֶׁעָשִׂיתָ לַאֲבוֹתֵינוּ בַּיָּמִים הָהֵם בַּזְּמַן הַזֶּה.

בִּימֵי מַתִּתְיָהוּ בֶּן יוֹחָנָן כֹּהֵן גָּדוֹל חַשְׁמוֹנָאִי וּבָנָיו, כְּשֶׁעָמְדָה מַלְכוּת יָוָן הָרְשָׁעָה עַל עַמְּךָ יִשְׂרָאֵל. לְהַשְׁכִּיחָם תּוֹרָתֶךָ וּלְהַעֲבִירָם מֵחֻקֵּי רְצוֹנֶךָ. וְאַתָּה בְּרַחֲמֶיךָ הָרַבִּים. עָמַדְתָּ לָהֶם בְּעֵת צָרָתָם. רַבְתָּ אֶת רִיבָם. דַּנְתָּ אֶת דִּינָם. נָקַמְתָּ אֶת נִקְמָתָם. מָסַרְתָּ גִּבּוֹרִים בְּיַד חַלָּשִׁים. וְרַבִּים בְּיַד מְעַטִּים. וּטְמֵאִים בְּיַד טְהוֹרִים. וּרְשָׁעִים בְּיַד צַדִּיקִים. וְזֵדִים בְּיַד עוֹסְקֵי תוֹרָתֶךָ. וּלְךָ עָשִׂיתָ שֵׁם גָּדוֹל וְקָדוֹשׁ בְּעוֹלָמֶךָ. וּלְעַמְּךָ יִשְׂרָאֵל עָשִׂיתָ תְּשׁוּעָה גְדוֹלָה וּפֻרְקָן כְּהַיּוֹם הַזֶּה. וְאַחַר כֵּן בָּאוּ בָנֶיךָ לִדְבִיר

בֵּיתֶךָ, וּפִנּוּ אֶת הֵיכָלֶךָ, וְטִהֲרוּ אֶת מִקְדָּשֶׁךָ, וְהִדְלִיקוּ נֵרוֹת בְּחַצְרוֹת קָדְשֶׁךָ, וְקָבְעוּ שְׁמוֹנַת יְמֵי חֲנֻכָּה אֵלּוּ, לְהוֹדוֹת וּלְהַלֵּל לְשִׁמְךָ הַגָּדוֹל.

[On Chanukah]

We thank You for the miracles, for the redemption, for the mighty deeds and saving acts, brought by You, as well as for the wars which You waged for our fathers in the days of old, at this season.

In the days of the Hasmonean, Matityahu son of Yochanan, the Kohen HaGadol, and his sons, when the iniquitous power of Greece rose up against Your people Israel to make them forgetful of Your Torah, and to force them to transgress the statutes of Your will, then You in Your abundant mercy rose up for them in the time of their trouble.

You pleaded their cause. You judged their suit. You avenged their wrong. You delivered the strong into the hands of the weak, the many into the hands of the few, the impure into the hands of the pure, the wicked into the hands of the righteous, and the arrogant into the hands of those that occupied themselves with Your Torah.

For Yourself You made a great and holy name in Your world, and for Your people Israel You worked a great deliverance and redemption as at this day. And thereupon Your children came into the oracle of Your house, cleansed Your temple, purified Your sanctuary, kindled lights in Your holy courts, and appointed these eight days of Chanukah in order to give thanks and praises unto Your great name.

[בְּפוּרִים]

עַל הַנִּסִּים וְעַל הַפֻּרְקָן וְעַל הַגְּבוּרוֹת וְעַל הַתְּשׁוּעוֹת וְעַל הַמִּלְחָמוֹת. שֶׁעָשִׂיתָ לַאֲבוֹתֵינוּ בַּיָּמִים הָהֵם בַּזְּמַן הַזֶּה.

בִּימֵי מָרְדְּכַי וְאֶסְתֵּר בְּשׁוּשַׁן הַבִּירָה, כְּשֶׁעָמַד עֲלֵיהֶם הָמָן הָרָשָׁע, בִּקֵּשׁ לְהַשְׁמִיד לַהֲרֹג וּלְאַבֵּד אֶת כָּל הַיְּהוּדִים, מִנַּעַר וְעַד זָקֵן, טַף וְנָשִׁים בְּיוֹם אֶחָד. בִּשְׁלֹשָׁה עָשָׂר לְחֹדֶשׁ שְׁנֵים עָשָׂר הוּא חֹדֶשׁ אֲדָר וּשְׁלָלָם לָבוֹז. וְאַתָּה בְּרַחֲמֶיךָ הָרַבִּים הֵפַרְתָּ אֶת עֲצָתוֹ, וְקִלְקַלְתָּ אֶת מַחֲשַׁבְתּוֹ, וַהֲשֵׁבוֹתָ לּוֹ גְּמוּלוֹ בְרֹאשׁוֹ, וְתָלוּ אוֹתוֹ וְאֶת בָּנָיו עַל הָעֵץ.

[On Purim]

We thank You for the miracles, for the redemption, for the mighty deeds and saving acts, brought by You, as well as for the wars which You waged for our fathers in the days of old, at this season.

In the days of Mordechai and Esther, in Shushan the capital, when the wicked Haman rose up against them, and sought to destroy, to slay and be cleansed of all the Jews, both young and old, little children and women, on one day, on the thirteenth day of the twelfth month, which is the month Adar, and to forcibly take their possessions, then did You in Your abundant mercy bring his counsel to nought, frustrate his design, and return his reward upon his own head; and they hanged him and his sons upon the gallows.

וְעַל הַכֹּל יי אֱלֹהֵינוּ אֲנַחְנוּ מוֹדִים לָךְ וּמְבָרְכִים אוֹתָךְ, יִתְבָּרַךְ שִׁמְךָ בְּפִי כָּל חַי תָּמִיד לְעוֹלָם וָעֶד. כַּכָּתוּב, וְאָכַלְתָּ וְשָׂבָעְתָּ וּבֵרַכְתָּ אֶת יי אֱלֹהֶיךָ עַל הָאָרֶץ הַטֹּבָה אֲשֶׁר נָתַן לָךְ. בָּרוּךְ אַתָּה יי, עַל הָאָרֶץ וְעַל הַמָּזוֹן.

For all this, Lord our God, we thank and bless You, blessed be Your name by the mouth of all living continually and forever. As it is written, And You shall eat and be satisfied, and You shall bless the Lord Your God for the good land which He has given you. Blessed are You, Lord, for the land and for the food.

[The third blessing was composed by King David and his son Solomon, who built the first Temple]

רַחֶם נָא יי אֱלֹהֵינוּ עַל יִשְׂרָאֵל עַמֶּךָ, וְעַל יְרוּשָׁלַיִם עִירֶךָ, וְעַל צִיּוֹן מִשְׁכַּן כְּבוֹדֶךָ, וְעַל מַלְכוּת בֵּית דָּוִד מְשִׁיחֶךָ, וְעַל הַבַּיִת הַגָּדוֹל וְהַקָּדוֹשׁ שֶׁנִּקְרָא שִׁמְךָ עָלָיו. אֱלֹהֵינוּ אָבִינוּ רְעֵנוּ זוּנֵנוּ פַּרְנְסֵנוּ וְכַלְכְּלֵנוּ וְהַרְוִיחֵנוּ, וְהַרְוַח לָנוּ יי אֱלֹהֵינוּ מְהֵרָה מִכָּל צָרוֹתֵינוּ. וְנָא אַל תַּצְרִיכֵנוּ יי אֱלֹהֵינוּ לֹא לִידֵי מַתְּנַת בָּשָׂר וָדָם וְלֹא לִידֵי הַלְוָאָתָם. כִּי אִם לְיָדְךָ הַמְּלֵאָה, הַפְּתוּחָה, הַקְּדוֹשָׁה וְהָרְחָבָה, שֶׁלֹּא נֵבוֹשׁ וְלֹא נִכָּלֵם לְעוֹלָם וָעֶד.

Have mercy, Lord our God, upon Israel Your people, upon Yerushalayim Your city, upon Zion the abiding place of Your glory, upon the kingdom of the house of David Your anointed, and upon the great and holy house that was called by Your name.

Our God, our Father, feed us, nourish us, sustain us, support and relieve us, and speedily Lord our God, grant us relief from all our troubles. We beseech You, Lord our God, let us not be in need either of the gifts of flesh and blood or of their loans, but only of Your helping hand, which is full, open, holy and ample, so that we may not be ashamed or humiliated, forever and ever.

[שבת]

רְצֵה וְהַחֲלִיצֵנוּ יי אֱלֹהֵינוּ בְּמִצְוֹתֶיךָ וּבְמִצְוַת יוֹם הַשְּׁבִיעִי הַשַּׁבָּת הַגָּדוֹל וְהַקָּדוֹשׁ הַזֶּה, כִּי יוֹם זֶה גָּדוֹל וְקָדוֹשׁ הוּא לְפָנֶיךָ לִשְׁבָּת בּוֹ וְלָנוּחַ בּוֹ בְּאַהֲבָה כְּמִצְוַת רְצוֹנֶךָ. וּבִרְצוֹנְךָ הָנִיחַ לָנוּ יי אֱלֹהֵינוּ שֶׁלֹּא תְהֵא צָרָה וְיָגוֹן וַאֲנָחָה בְּיוֹם מְנוּחָתֵנוּ. וְהַרְאֵנוּ יי אֱלֹהֵינוּ בְּנֶחָמַת צִיּוֹן עִירֶךָ וּבְבִנְיַן יְרוּשָׁלַיִם עִיר קָדְשֶׁךָ כִּי אַתָּה הוּא בַּעַל הַיְשׁוּעוֹת וּבַעַל הַנֶּחָמוֹת.

[On Shabbat]

Be pleased, Lord our God, to fortify us by Your commandments, and especially by the commandment of the seventh day, this great and holy Shabbat, since this day is great and holy before You, that we may rest and be content in love in accordance with the precept of Your will.

In Your favor, Lord our God, grant us that there be no trouble, grief or lamenting on the day of our rest. Let us, Lord our God, behold the consolation of Zion Your city, and the rebuilding of Yerushalayim Your holy city, for You are the Lord of salvation and of consolation.

[בראש חודש, ויום טוב]

אֱלֹהֵינוּ וֵאלֹהֵי אֲבוֹתֵינוּ יַעֲלֶה וְיָבוֹא וְיַגִּיעַ וְיֵרָאֶה וְיֵרָצֶה וְיִשָּׁמַע וְיִפָּקֵד וְיִזָּכֵר זִכְרוֹנֵנוּ וּפִקְדוֹנֵנוּ וְזִכְרוֹן אֲבוֹתֵינוּ וְזִכְרוֹן מָשִׁיחַ בֶּן דָּוִד עַבְדֶּךָ וְזִכְרוֹן יְרוּשָׁלַיִם עִיר קָדְשֶׁךָ וְזִכְרוֹן כָּל עַמְּךָ בֵּית יִשְׂרָאֵל לְפָנֶיךָ לִפְלֵיטָה לְטוֹבָה לְחֵן וּלְחֶסֶד וּלְרַחֲמִים לְחַיִּים וּלְשָׁלוֹם בְּיוֹם...

[לראש חודש] רֹאשׁ הַחֹדֶשׁ הַזֶּה.
[בראש השנה] בְּיוֹם הַזִּכָּרוֹן הַזֶּה.
[לסוכות] חַג הַסֻּכּוֹת הַזֶּה.
[לשמ״ע ולשמ״ת] הַשְּׁמִינִי חַג הָעֲצֶרֶת הַזֶּה.
[לפסח] חַג הַמַּצּוֹת הַזֶּה.
[לשבועות] חַג הַשָּׁבוּעוֹת הַזֶּה.

זָכְרֵנוּ יְיָ אֱלֹהֵינוּ בּוֹ לְטוֹבָה וּפָקְדֵנוּ בּוֹ לִבְרָכָה וְהוֹשִׁיעֵנוּ בּוֹ לְחַיִּים. וּבִדְבַר יְשׁוּעָה וְרַחֲמִים חוּס וְחָנֵּנוּ וְרַחֵם עָלֵינוּ וְהוֹשִׁיעֵנוּ, כִּי אֵלֶיךָ עֵינֵינוּ, כִּי אֵל מֶלֶךְ חַנּוּן וְרַחוּם אָתָּה.

[On Rosh Chodesh and Festival Holidays]

Our God and God of our fathers, May our remembrance ascend and come and be accepted before You, with the remembrance of our fathers, of Moshiach the son of David Your servant, of Yerushalayim Your holy city, and of all Your people the house of Israel, bringing deliverance and well-being, grace, loving kindness and mercy, life and peace on this day of ... (insert the appropriate day).

On Rosh Chodesh, insert "Rosh Chodesh"

On Rosh Hashana, insert "Remembrance"

On Sukkot, insert "the festival of Sukkot"

On Shemini Atzeret / Simchat Torah, insert "Shemini Atzeret, the festival"

On Pesach, insert "the festival of Matzot"

On Shavuot, insert "the festival of Shavuot"

Remember us, Lord our God, for good. Be mindful of us for blessing, and save us in life. By Your promise of salvation and mercy, spare us and be gracious unto us, have mercy upon us and save us, for our eyes are turned to You, because You are a gracious and merciful God and King.

וּבְנֵה יְרוּשָׁלַיִם עִיר הַקֹּדֶשׁ בִּמְהֵרָה בְיָמֵינוּ. בָּרוּךְ אַתָּה יי, בּוֹנֶה בְרַחֲמָיו יְרוּשָׁלָיִם. אָמֵן.

And rebuild Yerushalayim the holy city speedily in our days. Blessed are You, Lord, who in Your compassion rebuilds Yerushalayim. Amen.

[Rabban Gamliel the Elder and his court composed the fourth blessing in gratitude to God for preserving the victims of the Roman massacre in Betar until they could be buried]

בָּרוּךְ אַתָּה יי אֱלֹהֵינוּ מֶלֶךְ הָעוֹלָם, הָאֵל, אָבִינוּ, מַלְכֵּנוּ, אַדִּירֵנוּ, בּוֹרְאֵנוּ, גּוֹאֲלֵנוּ, יוֹצְרֵנוּ, קְדוֹשֵׁנוּ, קְדוֹשׁ יַעֲקֹב, רוֹעֵנוּ רוֹעֵה יִשְׂרָאֵל, הַמֶּלֶךְ הַטּוֹב וְהַמֵּטִיב לַכֹּל, שֶׁבְּכָל יוֹם וָיוֹם, הוּא הֵטִיב הוּא

מֵטִיב הוּא יֵיטִיב לָנוּ. הוּא גְמָלָנוּ הוּא גוֹמְלֵנוּ הוּא יִגְמְלֵנוּ לָעַד לְחֵן וּלְחֶסֶד וּלְרַחֲמִים וּלְרֶוַח הַצָּלָה וְהַצְלָחָה, בְּרָכָה וִישׁוּעָה, נֶחָמָה, פַּרְנָסָה וְכַלְכָּלָה, וְרַחֲמִים וְחַיִּים וְשָׁלוֹם וְכָל טוֹב. וּמִכָּל טוּב לְעוֹלָם אַל יְחַסְּרֵנוּ.

הָרַחֲמָן הוּא יִמְלֹךְ עָלֵינוּ לְעוֹלָם וָעֶד. הָרַחֲמָן הוּא יִתְבָּרַךְ בַּשָּׁמַיִם וּבָאָרֶץ. הָרַחֲמָן הוּא יִשְׁתַּבַּח לְדוֹר דּוֹרִים, וְיִתְפָּאַר בָּנוּ לָעַד וּלְנֵצַח נְצָחִים, וְיִתְהַדַּר בָּנוּ לָעַד וּלְעוֹלְמֵי עוֹלָמִים.

הָרַחֲמָן הוּא יְפַרְנְסֵנוּ בְּכָבוֹד. הָרַחֲמָן הוּא יִשְׁבֹּר עֻלֵּנוּ מֵעַל צַוָּארֵנוּ וְהוּא יוֹלִיכֵנוּ קוֹמְמִיּוּת לְאַרְצֵנוּ. הָרַחֲמָן הוּא יִשְׁלַח לָנוּ בְּרָכָה מְרֻבָּה בַּבַּיִת הַזֶּה וְעַל שֻׁלְחָן זֶה שֶׁאָכַלְנוּ עָלָיו. הָרַחֲמָן הוּא יִשְׁלַח לָנוּ אֶת אֵלִיָּהוּ הַנָּבִיא זָכוּר לַטּוֹב וִיבַשֶּׂר לָנוּ בְּשׂוֹרוֹת טוֹבוֹת יְשׁוּעוֹת וְנֶחָמוֹת.

Blessed are You, Lord our God, King of the universe, God, our Father, our King, our Strength, our Creator, our Redeemer, our Maker, our Holy One, the Holy One of Jacob, our Shepherd, the Shepherd of Israel, the King who is kind and deals kindly with all, each and every day.

You have dealt kindly, do deal kindly, and will deal kindly with us. You have bestowed, You do bestow, and You will always bestow benefits upon us, with grace, loving kindness, mercy, relief, deliverance and prosperity, blessing, salvation, consolation, sustenance and support, mercy, life, peace and all goodness.

May He never cause us to lack any manner of good. The All-merciful shall reign over us forever and ever. The All-merciful shall be blessed in heaven and on earth. The All-merciful shall be praised throughout all generations, glorified amongst us to all eternity, and honored amongst us forever.

May the All-merciful grant us an honorable livelihood. May the All-merciful break the yoke from off our neck, and lead us upright to our land. May the All-merciful send an abundant blessing upon this house, and upon this table at which we have eaten.

May the All-merciful send us Eliyahu the prophet (let him be remembered for good), who shall give us good tidings, salvation and consolation.

הָרַחֲמָן הוּא יְבָרֵךְ...

...אוֹתִי (וְאֶת אִשְׁתִּי / בַּעְלִי / וְאֶת זַרְעִי) וְאֶת כָּל אֲשֶׁר לִי.

...אֶת (אָבִי מוֹרִי) בַּעַל הַבַּיִת הַזֶּה וְאֶת (אִמִּי מוֹרָתִי) בַּעֲלַת הַבַּיִת הַזֶּה. אוֹתָם וְאֶת בֵּיתָם וְאֶת זַרְעָם וְאֶת כָּל אֲשֶׁר לָהֶם.

וְאֶת כָּל הַמְסֻבִּין כָּאן.

אוֹתָנוּ וְאֶת כָּל אֲשֶׁר לָנוּ, כְּמוֹ שֶׁנִּתְבָּרְכוּ אֲבוֹתֵינוּ אַבְרָהָם, יִצְחָק וְיַעֲקֹב, בַּכֹּל, מִכֹּל, כֹּל, כֵּן יְבָרֵךְ אוֹתָנוּ כֻּלָּנוּ יַחַד בִּבְרָכָה שְׁלֵמָה וְנֹאמַר אָמֵן. בַּמָּרוֹם יְלַמְּדוּ עֲלֵיהֶם וְעָלֵינוּ זְכוּת שֶׁתְּהֵא לְמִשְׁמֶרֶת שָׁלוֹם. וְנִשָּׂא בְרָכָה מֵאֵת יְיָ, וּצְדָקָה מֵאֱלֹהֵי יִשְׁעֵנוּ, וְנִמְצָא חֵן וְשֵׂכֶל טוֹב בְּעֵינֵי אֱלֹהִים וְאָדָם. [בסעודת ברית מילה, המשך בעמוד 45 ...הרחמן]

[בשבת] הָרַחֲמָן הוּא יַנְחִילֵנוּ יוֹם שֶׁכֻּלוֹ שַׁבָּת וּמְנוּחָה לְחַיֵּי הָעוֹלָמִים.

[בראש חודש] הָרַחֲמָן הוּא יְחַדֵּשׁ עָלֵינוּ אֶת הַחֹדֶשׁ הַזֶּה לְטוֹבָה וְלִבְרָכָה.

[ביום טוב] הָרַחֲמָן הוּא יַנְחִילֵנוּ יוֹם שֶׁכֻּלוֹ טוֹב.

[בראש השנה] הָרַחֲמָן הוּא יְחַדֵּשׁ עָלֵינוּ אֶת הַשָּׁנָה הַזֹּאת לְטוֹבָה וְלִבְרָכָה.

[בסוכות] הָרַחֲמָן הוּא יָקִים לָנוּ אֶת סֻכַּת דָּוִד הַנּוֹפֶלֶת.

May the All-merciful bless ... [Insert appropriate]

... me, (and my wife / my husband / and my children) and all that is mine.

... (my father, my teacher) the master of this house, and (my mother, my teacher) the lady of this house, them, their household, their family and all that is theirs.

... and for all those seated here together.

[Continue] ... us and all that is ours, as our fathers Abraham, Isaac and Jacob were blessed, in all, from all, with all, so may He bless all of us together with a perfect blessing, and let us say Amen.

Both on their and on our behalf, may there be such advocacy on high as shall lead to enduring peace. And may we receive a blessing from the Lord, and righteousness from the God of our salvation. And may we find grace and good understanding in the sight of God and man.

[At the meal after a Brit Mila, continue on page 48]

[On Shabbat] May the All-merciful let us inherit the day which shall be wholly a Shabbat and rest in the life everlasting.

[On Rosh Chodesh] May the All-merciful renew unto us this month for good and for blessing.

[On Festival Holidays] May the All-merciful let us inherit the day which is altogether good.

[On Rosh Hashana] May the All-merciful renew unto us this year for good and for blessing.

[On Sukkot] May the All-merciful raise up for us the fallen Sukka of David.

הָרַחֲמָן הוּא יְזַכֵּנוּ לִימוֹת הַמָּשִׁיחַ וּלְחַיֵּי הָעוֹלָם הַבָּא.

May the All-merciful make us worthy of the days of Moshiach, and of the life of the World-to-come.

מַגְדִּיל / בשבת / ביום טוב / בראש חודש: מִגְדּוֹל

יְשׁוּעוֹת מַלְכּוֹ וְעֹשֶׂה חֶסֶד לִמְשִׁיחוֹ לְדָוִד וּלְזַרְעוֹ עַד עוֹלָם. עֹשֶׂה שָׁלוֹם בִּמְרוֹמָיו הוּא יַעֲשֶׂה שָׁלוֹם עָלֵינוּ וְעַל כָּל יִשְׂרָאֵל וְאִמְרוּ אָמֵן.

יְראוּ אֶת יי קְדוֹשָׁיו כִּי אֵין מַחְסוֹר לִירֵאָיו. כְּפִירִים רָשׁוּ וְרָעֵבוּ וְדוֹרְשֵׁי יי לֹא יַחְסְרוּ כָל טוֹב. הוֹדוּ לַיי כִּי טוֹב כִּי לְעוֹלָם חַסְדּוֹ. פּוֹתֵחַ אֶת יָדֶךָ וּמַשְׂבִּיעַ לְכָל חַי רָצוֹן.

בָּרוּךְ הַגֶּבֶר אֲשֶׁר יִבְטַח בַּיי וְהָיָה יי מִבְטַחוֹ. נַעַר

הָיִיתִי גַם זָקַנְתִּי וְלֹא רָאִיתִי צַדִּיק נֶעֱזָב וְזַרְעוֹ מְבַקֶּשׁ לָחֶם, יי עֹז לְעַמּוֹ יִתֵּן יי יְבָרֵךְ אֶת עַמּוֹ בַשָּׁלוֹם.

[שבע ברכות, המשך בעמוד 50]

[On Weekdays, not Festival Holidays, or Rosh Chodesh]
He gives great salvation ...

[On Shabbat, Festival Holidays, and Rosh Chodesh]
He is a tower of salvation ...

... to His king, and shows loving kindness to His anointed, to David and to his descendants, forever. He who makes peace in His high places, may He make peace for us and for all Israel, and say Amen.

Fear the Lord, you His holy ones, for there is no want to them who fear Him. Young lions may lack and suffer hunger, but those who seek the Lord shall not lack any good.

Give thanks to the Lord, for He is good, for His loving kindness endures forever. You open Your hand, and satisfy every living thing with favor.

Blessed is the man who trusts in the Lord, and whose trust the Lord will be his security.

I was young and now I am old, yet I have not seen the righteous forsaken, nor his children begging for bread. The Lord will give strength to His people. The Lord will bless His people with peace.

[At Sheva Brachot, continue on page 50]

Al Hamichya
Blessings After Non-bread Meals Or Snacks

ברכה מעין שלוש

בָּרוּךְ אַתָּה יי, אֱלֹהֵינוּ מֶלֶךְ הָעוֹלָם...

[על היין]
...עַל הַגֶּפֶן וְעַל פְּרִי הַגֶּפֶן.

[על חמשת מיני דגן]
...עַל הַמִּחְיָה וְעַל הַכַּלְכָּלָה.

[על פירות משבעת המינים]
...עַל הָעֵץ וְעַל פְּרִי הָעֵץ.

וְעַל תְּנוּבַת הַשָּׂדֶה וְעַל אֶרֶץ חֶמְדָּה טוֹבָה וּרְחָבָה שֶׁרָצִיתָ וְהִנְחַלְתָּ לַאֲבוֹתֵינוּ לֶאֱכוֹל מִפִּרְיָהּ וְלִשְׂבּוֹעַ מִטּוּבָהּ.

רַחֵם (נָא) יי אֱלֹהֵינוּ עַל יִשְׂרָאֵל עַמֶּךָ וְעַל יְרוּשָׁלַיִם עִירֶךָ וְעַל צִיּוֹן מִשְׁכַּן כְּבוֹדֶךָ, וְעַל מִזְבְּחֶךָ, וְעַל הֵיכָלֶךָ.

וּבְנֵה יְרוּשָׁלַיִם עִיר הַקֹּדֶשׁ בִּמְהֵרָה בְיָמֵינוּ. וְהַעֲלֵנוּ לְתוֹכָהּ. וְשַׂמְּחֵנוּ בְּבִנְיָנָהּ וְנֹאכַל מִפִּרְיָהּ וְנִשְׂבַּע מִטּוּבָהּ וּנְבָרֶכְךָ עָלֶיהָ בִּקְדֻשָּׁה וּבְטָהֳרָה.

___

[בשבת] וּרְצֵה וְהַחֲלִיצֵנוּ בְּיוֹם שַׁבָּת הַזֶּה.
[בראש חודש] וְזָכְרֵנוּ לְטוֹבָה בְּיוֹם רֹאשׁ הַחֹדֶשׁ הַזֶּה.

[בפסח] וְשַׂמְּחֵנוּ בְּיוֹם חַג הַמַּצּוֹת הַזֶּה.

[בסוכות] וְשַׂמְּחֵנוּ בְּיוֹם חַג הַסֻּכּוֹת הַזֶּה.

[לשבועות] וְשַׂמְּחֵנוּ בְּיוֹם חַג הַשָּׁבוּעוֹת הַזֶּה.

[לשמ״ע ולש״ת] וְשַׂמְּחֵנוּ בְּיוֹם הַשְּׁמִינִי חַג הָעֲצֶרֶת הַזֶּה.

[לר״ה] וְזָכְרֵנוּ בְּיוֹם הַזִּכָּרוֹן הַזֶּה.

כִּי אַתָּה יי טוֹב וּמֵטִיב לַכֹּל וְנוֹדֶה לְךָ עַל הָאָרֶץ וְעַל ...

[על היין]
... פְּרִי הַגֶּפֶן. בָּרוּךְ אַתָּה יי עַל הָאָרֶץ ...
וְעַל פְּרִי הַגֶּפֶן. (על של א״י – וְעַל פְּרִי גַפְנָהּ.)

[על חמשת מיני דגן]
... הַמִּחְיָה. בָּרוּךְ אַתָּה יי עַל הָאָרֶץ וְעַל הַמִּחְיָה.

[על פירות משבעת המינים]
... הַפֵּרוֹת. בָּרוּךְ אַתָּה יי עַל הָאָרֶץ ...
וְעַל הַפֵּרוֹת. (על של א״י – וְעַל פֵּרוֹתֶיהָ.)

[The following blessings are recited after eating: (A) Grain foods (other than bread or matza); (B) Wine or grape juice; (C) Grapes, pomegranates, figs, dates, or olives]

Blessed are You, Lord our God, King of the universe...

[After wine]
...for the wine and the fruit of the vine.

[After food prepared from the five grains]
...for the sustenance and the nourishment.

[After grapes, pomegranates, figs, dates, or olives]
...for the tree and the fruit of the tree.

And for the produce of the field, for the precious, good and ample land which You have graciously given to us as a heritage unto our fathers, to eat of its fruits and be satisfied with its goodness.

Have mercy, Lord our God, upon Israel Your people, upon Yerushalayim Your city, upon Zion the resting place of Your glory, upon Your altar and Your temple.

Rebuild Yerushalayim, the holy city, speedily in our days, lead us up to it and let us rejoice in its rebuilding.

May we eat of the fruits of the land, and be satisfied with its goodness, and bless You for it in holiness and purity.

[On Shabbat]
And be pleased to fortify us on this Shabbat day.

[On Rosh Chodesh]
And remember us on this day of the New Moon.

[On Pesach]
And gladden us on this Festival day of Matzot.

[On Sukkot]
And gladden us on this Festival day of Sukkot.

[On Shavuot]
And gladden us on this Festival day of Shavuot.

[On Shemini Atzeret / Simchat Torah]
And gladden us on this Festival day of Shemini Atzert.

[On Rosh Hashana]
And remember us for goodness on this day of remembrance.

For You, Lord, are good and beneficent unto all, and we will give thanks to You for the land and for...

[After wine]
... the fruit of the vine. Blessed are You, Lord, for the land and ... for the fruit of the vine. (Grown in Israel – for its fruit of the vine.)

[After food from any of the five grains]
... the sustenance. Blessed are You, Lord, for the land and for the sustenance.

[After grapes, pomegranates, figs, dates, or olives]
... and for the fruits. Blessed are You, Lord, for the land and ... for the fruits. (Grown in Israel – for its fruits.)

Boreh Nefahshoht בורא נפשות
Blessing After Non-specific Foods And Drinks

בָּרוּךְ אַתָּה יי אֱלֹהֵינוּ מֶלֶךְ הָעוֹלָם, בּוֹרֵא נְפָשׁוֹת רַבּוֹת וְחֶסְרוֹנָן עַל כָּל מַה שֶׁבָּרָאתָ לְהַחֲיוֹת בָּהֶם נֶפֶשׁ כָּל חָי. בָּרוּךְ חֵי הָעוֹלָמִים.

Blessed are You, Lord our God, King of the universe, Creator of numerous living things and their needs, for all the things You have created to sustain the soul of every living being. Blessed is He who is the life of the worlds.

The Invitation To Say The Blessings Following A Meal After A Brit Mila

זימון לסעודת ברית מילה

[המזמן] רַבּוֹתַי נְבָרֵךְ.
[המסובים] יְהִי שֵׁם יי מְבֹרָךְ מֵעַתָּה וְעַד עוֹלָם.

[המזמן] יְהִי שֵׁם יי מְבֹרָךְ מֵעַתָּה וְעַד עוֹלָם. נוֹדֶה לְשִׁמְךָ בְּתוֹךְ אֱמוּנָי. בְּרוּכִים אַתֶּם לַיי.

[המסובים] נוֹדֶה לְשִׁמְךָ בְּתוֹךְ אֱמוּנָי. בְּרוּכִים אַתֶּם לַיי.

[המזמן] בִּרְשׁוּת אֵל אָיוֹם וְנוֹרָא, מִשְׂגָּב לְעִתּוֹת בַּצָּרָה, אֵל נֶאְזָר בִּגְבוּרָה, אַדִּיר בַּמָּרוֹם יי.

[המסובים] נוֹדֶה לְשִׁמְךָ בְּתוֹךְ אֱמוּנָי. בְּרוּכִים אַתֶּם לַיי.

[המזמן] בִּרְשׁוּת הַתּוֹרָה הַקְּדוֹשָׁה, טְהוֹרָה הִיא וְגַם פְּרוּשָׁה, צִוָּה לָנוּ מוֹרָשָׁה, מֹשֶׁה עֶבֶד יי.

[המסובים] נוֹדֶה לְשִׁמְךָ בְּתוֹךְ אֱמוּנָי. בְּרוּכִים אַתֶּם לַיי.

[המזמן] בִּרְשׁוּת הַכֹּהֲנִים וְהַלְוִיִּם אֶקְרָא לֵאלֹהֵי הָעִבְרִיִּים, אֲהוֹדֶנּוּ בְּכָל אִיִּים, אֲבָרְכָה אֶת יי.

[המסובים] נוֹדֶה לְשִׁמְךָ בְּתוֹךְ אֱמוּנַי, בְּרוּכִים אַתֶּם לַיְיָ.

[המזמן] בִּרְשׁוּת מָרָנָן וְרַבָּנָן וְרַבּוֹתַי, אֶפְתְּחָה בְּשִׁיר פִּי וּשְׂפָתַי, וְתֹאמַרְנָה עַצְמוֹתַי, בָּרוּךְ הַבָּא בְּשֵׁם יְיָ.

[המסובים] נוֹדֶה לְשִׁמְךָ בְּתוֹךְ אֱמוּנַי, בְּרוּכִים אַתֶּם לַיְיָ.

[המזמן] בִּרְשׁוּת מָרָנָן וְרַבָּנָן וְרַבּוֹתַי, נְבָרֵךְ (במנין: אֱלֹהֵינוּ) שֶׁאָכַלְנוּ מִשֶּׁלּוֹ.

[המסובים] בָּרוּךְ (במנין: אֱלֹהֵינוּ) שֶׁאָכַלְנוּ מִשֶּׁלּוֹ וּבְטוּבוֹ חָיִינוּ.

[המזמן] בָּרוּךְ (במנין: אֱלֹהֵינוּ) שֶׁאָכַלְנוּ מִשֶּׁלּוֹ וּבְטוּבוֹ חָיִינוּ. בָּרוּךְ הוּא וּבָרוּךְ שְׁמוֹ.

[המשך בעמוד 27 עד עמוד 36]

הָרַחֲמָן הוּא יְבָרֵךְ אֲבִי הַיֶּלֶד וְאִמּוֹ, וְיִזְכּוּ לְגַדְּלוֹ וּלְחַנְּכוֹ וּלְחַכְּמוֹ, מִיּוֹם הַשְּׁמִינִי וָהָלְאָה יֵרָצֶה דָמוֹ, וִיהִי יְיָ אֱלֹהָיו עִמּוֹ.

הָרַחֲמָן הוּא יְבָרֵךְ בַּעַל בְּרִית הַמִּילָה, אֲשֶׁר שָׂשׂ לַעֲשׂוֹת צֶדֶק בְּגִילָה, וִישַׁלֵּם פָּעֳלוֹ וּמַשְׂכֻּרְתּוֹ כְּפוּלָה, וְיִתְּנֵהוּ לְמַעְלָה לְמָעְלָה.

הָרַחֲמָן הוּא יְבָרֵךְ רַךְ הַנִּמּוֹל לִשְׁמוֹנָה, וְיִהְיוּ

יָדָיו וְלִבּוֹ לָאֵל אֱמוּנָה, וְיִזְכֶּה לִרְאוֹת פְּנֵי הַשְּׁכִינָה, שָׁלוֹשׁ פְּעָמִים בַּשָּׁנָה.

הָרַחֲמָן הוּא יְבָרֵךְ הַמָּל בְּשַׂר הָעָרְלָה, וּפָרַע וּמָצַץ דְּמֵי הַמִּילָה, אִישׁ הַיָּרֵא וְרַךְ הַלֵּבָב יֶרְצֶה עֲבוֹדָתוֹ פְּסוּלָה. אִם שָׁלוֹשׁ אֵלֶּה לֹא יַעֲשֶׂה לָהּ.

הָרַחֲמָן הוּא יִשְׁלַח לָנוּ מְשִׁיחוֹ הוֹלֵךְ תָּמִים, בִּזְכוּת חֲתַן לַמּוּלוֹת דָּמִים, לְבַשֵּׂר בְּשׂוֹרוֹת טוֹבוֹת וְנִחוּמִים, לְעַם אֶחָד מְפֻזָּר וּמְפֹרָד בֵּין הָעַמִּים.

הָרַחֲמָן הוּא יִשְׁלַח לָנוּ כֹּהֵן צֶדֶק אֲשֶׁר לֻקַּח לְעֵילָם, עַד הוּכַן כִּסְאוֹ כַּשֶּׁמֶשׁ וְיָהֲלֹם, וַיָּלֶט פָּנָיו בְּאַדַּרְתּוֹ וַיִּגְלֹם, בְּרִיתִי הָיְתָה אִתּוֹ הַחַיִּים וְהַשָּׁלוֹם.

[בשבת / ביום טוב / בראש חודש, המשך בעמוד 37; ימי חול בעמוד 38]

[Leader] Gentlemen, Let us bless.

[Participants respond] Blessed be the name of the Lord from this time and forever.

[Leader] Blessed be the name of the Lord from this time and forever. We will give thanks unto Your name in the midst of the faithful. Blessed are you of the Lord.

[Participants respond] We will give thanks unto Your name in the midst of the faithful. Blessed are you of the Lord.

[Leader] With the permission of the fearful and revered God, who is a refuge in times of trouble, the God bound with strength, the Lord mighty on high.

[Participants respond] We will give thanks unto Your name in the midst of the faithful. Blessed are you of the Lord.

[Leader] With the permission of the holy Torah, pure and clear, which Moshe the servant of the Lord commanded us to be a heritage.

[Participants respond] We will give thanks unto Your name in the midst of the faithful. Blessed are you of the Lord.

[Leader] With the permission of the Kohanim and Levites I will call upon the God of the Hebrews, I will declare His glory in every region, I will bless the Lord.

[Participants respond] We will give thanks unto Your name in the midst of the faithful. Blessed are you of the Lord.

[Leader] With the permission of those present I will open my lips with song, yea, my bones shall declare, Blessed is he who comes in the name of the Lord.

[Participants respond] We will give thanks unto Your name in the midst of the faithful. Blessed are you of the Lord.

[Leader] With the permission of those present, we will bless (minyan add: our God) Him of whose bounty we have partaken.

[Participants respond] Blessed is (minyan add: our God) He of whose bounty we have partaken, and through whose goodness we live.

[Leader] Blessed is (minyan add: our God) He of whose bounty we have partaken, and through whose goodness we live.
Blessed is He, and blessed is His name.
[Continue on page 27 until page 37]

May the All-merciful bless the father and mother of the child. May they be worthy to raise him and to train him in wisdom, from this eighth day and henceforth may his blood be accepted, and may the Lord his God be with him.

May the All-merciful bless the Sandek who has observed the covenant of Circumcision and rejoiced exceedingly to perform this deed of piety. May He reward him for his act with a double recompense, and ever exalt him more and more.

May the All-merciful bless the tender infant that has been circumcised on his eighth day. May his hands and heart be firm with God, and may he become worthy to appear before the Divine Presence three times a year.

May the All-merciful bless the Mohel who has circumcised the flesh of the foreskin, duly fulfilling each part of the precept. The service would be invalid if one who is timid and fainthearted, or who failed to perform the three essentials of the ceremony.

May the All-merciful, in the merit of the blood of the circumcision, send us His Moshiach who walks in perfection, to give good tidings and consolation to the people who are scattered and dispersed among the nations.

May the All-merciful send us the righteous Kohen, who remains withdrawn in concealment until a throne, bright as the sun and radiant as the diamond, shall be prepared for him, the prophet who covered his face with his mantle and wrapped himself therein, with whom is God's covenant of life and of peace.

[Continue on page 38 if Shabbat or the holidays; weekdays on 39.]

Sheva Brachot
זימון לשבע ברכות

[The Invitation To Say The Blessings at a Wedding Meal]

[המזמן] רַבּוֹתַי נְבָרֵךְ.

[המסובים] יְהִי שֵׁם יי מְבֹרָךְ מֵעַתָּה וְעַד עוֹלָם.

[המזמן] יְהִי שֵׁם יי מְבֹרָךְ מֵעַתָּה וְעַד עוֹלָם.
דְּוַי הָסֵר וְגַם חָרוֹן. וְאָז אִלֵּם בְּשִׁיר יָרוֹן.
נְחֵנוּ בְּמַעְגְּלֵי צֶדֶק. שְׁעֵה בִּרְכַּת בְּנֵי אַהֲרֹן.
בִּרְשׁוּת מָרָנָן וְרַבָּנָן וְרַבּוֹתַי, נְבָרֵךְ אֱלֹהֵינוּ
שֶׁהַשִּׂמְחָה בִּמְעוֹנוֹ וְשֶׁאָכַלְנוּ מִשֶּׁלּוֹ.

[המסובים] בָּרוּךְ אֱלֹהֵינוּ שֶׁהַשִּׂמְחָה בִּמְעוֹנוֹ
וְשֶׁאָכַלְנוּ מִשֶּׁלּוֹ וּבְטוּבוֹ חָיִינוּ.

[המזמן] בָּרוּךְ אֱלֹהֵינוּ שֶׁהַשִּׂמְחָה בִּמְעוֹנוֹ
וְשֶׁאָכַלְנוּ מִשֶּׁלּוֹ וּבְטוּבוֹ חָיִינוּ.

בָּרוּךְ הוּא וּבָרוּךְ שְׁמוֹ.

[המשך בעמוד 27]
[Continue on page 27]

1. בָּרוּךְ אַתָּה יי, אֱלֹהֵינוּ מֶלֶךְ הָעוֹלָם, שֶׁהַכֹּל בָּרָא לִכְבוֹדוֹ.

1. Blessed are You, Lord our God, King of the universe, who has created all things for His glory.

2. בָּרוּךְ אַתָּה יי, אֱלֹהֵינוּ מֶלֶךְ הָעוֹלָם, יוֹצֵר הָאָדָם.

2. Blessed are You, O Lord our God, King of the universe, Creator of man.

3. בָּרוּךְ אַתָּה יי, אֱלֹהֵינוּ מֶלֶךְ הָעוֹלָם, אֲשֶׁר יָצַר אֶת הָאָדָם בְּצַלְמוֹ בְּצֶלֶם דְּמוּת תַּבְנִיתוֹ, וְהִתְקִין לוֹ מִמֶּנּוּ בִּנְיַן עֲדֵי עַד. בָּרוּךְ אַתָּה יי, יוֹצֵר הָאָדָם.

3. Blessed are You, Lord our God, King of the universe, who has made man in His image, after His likeness, and has prepared for him, out of his very self, a perpetual edifice. Blessed are You, Lord, Creator of man.

4. שׂוֹשׂ תָּשִׂישׂ וְתָגֵל הָעֲקָרָה בְּקִבּוּץ בָּנֶיהָ לְתוֹכָהּ בְּשִׂמְחָה. בָּרוּךְ אַתָּה יי, מְשַׂמֵּחַ צִיּוֹן בְּבָנֶיהָ.

4. May she who was barren (Zion) be exceedingly glad and exult, when her children are gathered within her in joy. Blessed are You, Lord, who makes Zion joyful through her children.

5. שַׂמֵּחַ תְּשַׂמַּח רֵעִים הָאֲהוּבִים כְּשַׂמֵּחֲךָ יְצִירְךָ בְּגַן עֵדֶן מִקֶּדֶם. בָּרוּךְ אַתָּה יי, מְשַׂמֵּחַ חָתָן וְכַלָּה.

5. Grant abundant rejoicing to these loved companions as You did gladden Your creature in the garden of Eden of old. Blessed are You, Lord, who makes the bridegroom and bride to rejoice.

6. בָּרוּךְ אַתָּה יי, אֱלֹהֵינוּ מֶלֶךְ הָעוֹלָם, אֲשֶׁר בָּרָא שָׂשׂוֹן וְשִׂמְחָה, חָתָן וְכַלָּה, גִּילָה, רִנָּה, דִּיצָה וְחֶדְוָה, אַהֲבָה וְאַחֲוָה, וְשָׁלוֹם וְרֵעוּת. מְהֵרָה יי אֱלֹהֵינוּ, [עוֹד] יִשָּׁמַע בְּעָרֵי יְהוּדָה וּבְחוּצוֹת יְרוּשָׁלַיִם קוֹל שָׂשׂוֹן וְקוֹל שִׂמְחָה, קוֹל חָתָן וְקוֹל כַּלָּה, קוֹל מִצְהֲלוֹת חֲתָנִים מֵחֻפָּתָם וּנְעָרִים מִמִּשְׁתֵּה נְגִינָתָם. בָּרוּךְ אַתָּה יי, מְשַׂמֵּחַ הֶחָתָן עִם הַכַּלָּה.

6. Blessed are You, Lord our God, King of the universe, who has created joy and gladness, bridegroom and bride, mirth and exultation, pleasure and delight, love, brotherhood, peace and fellowship. Soon may there be heard in the cities of Yehuda, and in the streets of Yerushalayim, the voice of joy and gladness, the voice of the bridegroom and the voice of the bride, the jubilant voice of bridegrooms from under their chupa, and of youths from their feasts of song. Blessed are You, Lord, who makes the bridegroom rejoice with the bride.

7. בָּרוּךְ אַתָּה יי, אֱלֹהֵינוּ מֶלֶךְ הָעוֹלָם, בּוֹרֵא פְּרִי הַגָּפֶן.

7. Blessed are You, O Lord our God, King of the universe, who creates the fruit of the vine.

הבדלה
Hahv-dah-lah

הִנֵּה אֵל יְשׁוּעָתִי אֶבְטַח וְלֹא אֶפְחָד,
Hee-nay ayl yeh-shoo-ah-tee ehv-ta<u>ch</u>,

כִּי עָזִּי וְזִמְרָת יָהּ יְיָ, וַיְהִי לִי לִישׁוּעָה,
Kee ahzee v'zeem-raht yah Ado-ni, vah-yeh-hee lee lee'shoo-ah,

וּשְׁאַבְתֶּם מַיִם בְּשָׂשׂוֹן, מִמַּעַיְנֵי הַיְשׁוּעָה,
Oo-shahv-tehm mah-yeem b'sah-sohn, mee-mah-ahnay hah-y'shoo-ah,

לַיְיָ הַיְשׁוּעָה, עַל עַמְּךָ בִרְכָתֶךָ סֶּלָה.
l'Ado-ni hah-y'shoo-ah, ahl ahm-<u>ch</u>ah ber-<u>ch</u>ah-teh-<u>ch</u>ah sehlah.

יְיָ צְבָאוֹת עִמָּנוּ, מִשְׂגָּב לָנוּ אֱלֹהֵי יַעֲקֹב סֶלָה.
Ado-ni s'vah-oht eemahnu, mees-gahv lahnu Elo-hay Ya'akohv sehlah.

יְיָ צְבָאוֹת, אַשְׁרֵי אָדָם בֹּטֵחַ בָּךְ.
Ado-ni s'vah-oht, ahsh-ray ahdahm b'tay-a<u>ch</u> ba<u>ch</u>.

יְיָ הוֹשִׁיעָה, הַמֶּלֶךְ יַעֲנֵנוּ בְיוֹם קָרְאֵנוּ.
Ado-ni hoh-shee-ah, hah-mehle<u>ch</u> yah-naynu b'yohm kar-aynu.

לַיְּהוּדִים הָיְתָה אוֹרָה וְשִׂמְחָה וְשָׂשׂוֹן וִיקָר, כֵּן תִּהְיֶה לָנוּ, כּוֹס יְשׁוּעוֹת אֶשָּׂא, וּבְשֵׁם יְיָ אֶקְרָא.
Lah-y'hoo-deem hah-tah oh-rah v'seem-<u>ch</u>ah v'sah-sohn vee-kar, kayn teeh-yeh lahnu, koh-s y'shoo-oht eh-sah, oov-shaym Ado-ni ehk-rah.

52

סַבְרִי מָרָנָן וְרַבָּנָן וְרַבּוֹתַי,

[wine]

בָּרוּךְ אַתָּה יי, אֱלֹהֵינוּ מֶלֶךְ הָעוֹלָם, בּוֹרֵא פְּרִי הַגָּפֶן.

Savree mah-rah-non v'rahbah-non v'rahbohti,

Baruch ahtah Ado-ni, Elohaynu Mehlech hah-oh-lahm, boh-ray p'ree hagahfen.

[Spices]

בָּרוּךְ אַתָּה יי, אֱלֹהֵינוּ מֶלֶךְ הָעוֹלָם, בּוֹרֵא מִינֵי בְשָׂמִים.

Baruch ahtah Ado-ni, Elohaynu Mehlech hah-oh-lahm, boh-ray mee-nay b'sah-meem.

[Light]

בָּרוּךְ אַתָּה יי, אֱלֹהֵינוּ מֶלֶךְ הָעוֹלָם, בּוֹרֵא מְאוֹרֵי הָאֵשׁ.

Baruch ahtah Ado-ni, Elohaynu Mehlech hah-oh-lahm, boh-ray moh-ray hah-aysh.

בָּרוּךְ אַתָּה יי, אֱלֹהֵינוּ מֶלֶךְ הָעוֹלָם, הַמַּבְדִּיל בֵּין קֹדֶשׁ לְחֹל, בֵּין אוֹר לְחֹשֶׁךְ, בֵּין יִשְׂרָאֵל לָעַמִּים, בֵּין יוֹם הַשְּׁבִיעִי לְשֵׁשֶׁת יְמֵי הַמַּעֲשֶׂה. בָּרוּךְ אַתָּה יי, הַמַּבְדִּיל בֵּין קֹדֶשׁ לְחֹל.

Baruch ahtah Ado-ni, Elohaynu Mehlech hah-oh-lahm, hah-mahvdeel bayn kohdesh l'chohl, bayn ohr l'choshech, bayn yeec-rah-ayl l'ah-meem, bayn yohm hahsh'vee-ee l'shay-sheht y'may hah-mah-ah-seh.

Baruch ahtah Ado-ni, hah-mahv-deel bayn kohdesh l'hohl.

Blessings On Various Occasions

[Seeing Lightning]

בָּרוּךְ אַתָּה יי, אֱלֹהֵינוּ מֶלֶךְ הָעוֹלָם עוֹשֶׂה מַעֲשֵׂה בְּרֵאשִׁית.

Blessed are You Lord our God, King of the universe who has made the creation.

[Hearing Thunder]

בָּרוּךְ אַתָּה יי, אֱלֹהֵינוּ מֶלֶךְ הָעוֹלָם שֶׁכּוֹחוֹ וּגְבוּרָתוֹ מָלֵא עוֹלָם.

Blessed are You Lord our God, King of the universe whose strength and might fill the world.

[Seeing The Rainbow]

בָּרוּךְ אַתָּה יי, אֱלֹהֵינוּ מֶלֶךְ הָעוֹלָם זוֹכֵר הַבְּרִית וְנֶאֱמָן בִּבְרִיתוֹ וְקַיָּם בְּמַאֲמָרוֹ.

Blessed are You Lord our God, King of the universe who remembers the covenant, is faithful to His covenant, and keeps His promise.

[Attaching A Mezuzah On The Door Frame]

בָּרוּךְ אַתָּה יי, אֱלֹהֵינוּ מֶלֶךְ הָעוֹלָם אֲשֶׁר קִדְּשָׁנוּ בְּמִצְוֹתָיו וְצִוָּנוּ לִקְבּוֹעַ מְזוּזָה.

Blessed are You Lord our God, King of the universe who has sanctified us by His commandments, and commanded us to attach the Mezuzah.

Record Your Family Dates
Birthdays – Anniversaries – Yahrzeits

Name	Event	English Date	Hebrew Date

www.ingramcontent.com/pod-product-compliance
Lightning Source LLC
Chambersburg PA
CBHW081350040426
42450CB00015B/3375
* 9 7 8 1 9 4 6 1 2 4 4 1 8 *